recetas sencillas

BLUME

Título original:
200 Really Easy recipes

Traducción:
Ramón Martínez Castellote

Revisión técnica de la edición en lengua española:
Eneida García Odriozola
Cocinera profesional
(Centro de formación de cocineros y pasteleros de Barcelona Bell Art).
Especialista en temas culinarios

Coordinación de la edición en lengua española:
Cristina Rodríguez Fischer

Primera edición en lengua española 2010
Reimpresión 2011 (2)

© 2010 Naturart, S.A. Editado por BLUME
Av. Mare de Déu de Lorda, 20
08034 Barcelona
Tel. 93 205 40 00 Fax 93 205 14 41
e-mail: info@blume.net
© 2009 Octopus Publishing Group, Londres

I.S.B.N.: 978-84-8076-900-6
Depósito legal: B. 28094-2011
Impreso en Tallers Gràfics Soler, S.A.,
Esplugues de Llobregat (Barcelona)

WWW.BLUME.NET

En las recetas que se presentan en este libro se utilizan medidas
de cuchara estándar. Una cucharada sopera equivale a 15 ml;
una cucharada de café equivale a 5 ml.

El horno debería precalentarse a la temperatura requerida;
siga siempre las instrucciones que marca su horno.

Deben utilizarse hierbas frescas, a menos de que se indique
lo contrario; deben utilizarse huevos de tamaño mediano,
salvo que se indique lo contrario.

Las autoridades sanitarias aconsejan no consumir huevos crudos. Este libro
incluye algunas recetas en las que se utilizan huevos crudos o poco cocinados.
Resulta recomendable y prudente que las personas vulnerables, tales como
mujeres embarazadas, madres en período de lactancia, minusválidos, ancianos,
bebés y niños en edad preescolar eviten el consumo de los platos preparados
con huevos crudos o poco cocinados. Una vez preparados, estos platos
deben mantenerse refrigerados y consumirse rápidamente.

Este libro incluye recetas preparadas con frutos secos y derivados de los
mismos. Es aconsejable que las personas que son propensas a sufrir
reacciones alérgicas por el consumo de los frutos secos y sus derivados,
o bien las personas más vulnerables (como las que se indican en el párrafo
anterior), eviten los platos preparados con estos productos. Compruebe
también las etiquetas de los productos que adquiera para preparar los alimentos.

Este libro se ha impreso sobre papel manufacturado con materia prima procedente
de bosques de gestión responsable. En la producción de nuestros libros
procuramos, con el máximo empeño, cumplir con los requisitos medioambientales
que promueven la conservación y el uso sostenible de los bosques, en especial
de los bosques primarios. Asimismo, en nuestra preocupación por el planeta,
intentamos emplear al máximo materiales reciclados, y solicitamos a nuestros
proveedores que usen materiales de manufactura cuya fabricación esté libre
de cloro elemental (ECF) o de metales pesados, entre otros.

contenido

introducción

introducción

Este libro es la elección perfecta para los cocineros novatos. Ofrece una maravillosa colección de platos de preparación simple garantizados para hacer de las comidas una cosa fácil. Todas sus recetas, que constituyen una inmejorable combinación de los alimentos tradicionales, clásicos con un toque distinto y algunos platos nuevos y estimulantes, utilizan métodos sencillos e ingredientes que se encuentran fácilmente en el supermercado local, lo que hace de la compra una brisa fresca.

La variedad es la sal de la vida y, con tantas ideas para comer como aquí se ofrecen, jamás se quedará corto de opciones. El repertorio abarca desde tentadoras ideas para desayuno o almuerzo, y saciantes platos de pasta, arroz y fideos, hasta rápidos potajes (con muy poca vajilla que fregar) y tentadores pudines. ¡Aquí tenemos, pues, algo con lo que seducir al más reacio cocinero!

En cocina, todo es tener confianza en uno mismo y, cuanto más se cocina, más se familiariza uno con el equipo, los ingredientes y los métodos culinarios y más fácil y placentero resulta. No tardará mucho en estar cocinando para sí y para sus amigos, ¡y exhibiendo con orgullo su recién adquirida seguridad culinaria!

el factor bienestar

Si se va de casa por primera vez para trabajar o iniciar estudios universitarios, la experiencia puede resultar toda una aventura y hacer buena comida para usted y sus amigos puede parecer una carga extra e indeseada. Por supuesto, hay muchas opciones de comida rápida disponibles, pero, si bien resultan más cómodas, a menudo son caras y en muchos casos demasiado ricas en grasas y carentes de valor nutritivo. Si está estudiando o trabajando duro en un nuevo empleo, necesitará mucha energía para mantener los niveles de concentración requeridos, por lo que comer bien resulta especialmente importante, ¡además de reconfortante! Cocinar desde cero le confiere un control exacto sobre cada cosa que come, pudiendo evitar así aquellos ingredientes ocultos de las comidas rápidas y «de llevar», que sólo ofrecen calorías «vacías». De este modo, puede optar por una dieta equilibrada con carnes sin grasa y pescado para conseguir proteínas, carbohidratos como combustible y fruta y hortalizas frescas para las esenciales vitaminas y fibra que mantendrán sus sistemas corporales en buena función. Este libro le proporcionará unos platos tan nutritivos como deliciosos que le aportarán una sensación general

de bienestar cuando más lo necesite, así como una energía óptima.

Este es también un período en el que estar en la cocina implica menos tiempo para relacionarse con los amigos y relajarse, por eso la mayoría de los platos de este libro son rápidos de preparar y cocinar, incluso aquellos que están pensados para una ocasión especial.

Tan importante como esto, sin embargo, es la satisfacción que le aportará el dominar una nueva habilidad, la de comer y vivir bien.

acerca de las recetas

Las recetas están repartidas en siete capítulos, por lo que escoger el plato adecuado para cada ocasión es un proceso tan sencillo como rápido.

El desayuno es la comida más importante del día y a menudo consiste sólo en una rápida inyección de cafeína, pero este «chute» de energía tiene un efecto efímero. La gama de platos del capítulo «Desayunos y almuerzos» se asegura de que usted tenga algo estupendo que comer todos los días. Ya se trate de una saludable Granola de bayas de verano o unos Panqueques de jarabe de arce con beicon, o el consistente Rösti con huevos y jamón podrá dar a su mañana un comienzo perfecto.

El apartado «Potajes» ofrece valiosas opciones para ahorrar tiempo y recetas que son también providenciales para aquellos que disponen de pocos utensilios. Muchas recetas de este capítulo constituyen térmicamente reconfortantes platos de invierno, como son el Goulash de ternera y el Puré de judías con guindillas y pimientos rojos, cuando requiere algo más sustancioso que le ayude a aguantar las frías tardes o le aporte el combustible necesario para el resto del día. Las sobras se pueden congelar para otro día o, las de otros platos como el Asado de pollo y arroz, se pueden guardar en recipientes de plástico para utilizar como satisfactorios almuerzos en el trabajo.

El trabajo o el ejercicio duro deja poco tiempo y energía para cocinar, pero no se preocupe porque el apartado «Cenas de 20 minutos» tiene la respuesta: grandes comidas en unos momentos. Elija entre un espacioso Curry de pollo tailandés, las Hamburguesas de atún y pesto de inspiración italiana o el sofisticado Cordero con salsa de olivas y piñones. Todas las recetas de este capítulo constituyen platos ideales para cenas de celebración, de modo que ¿por qué no impresionar a sus amigos y familia con estos infalibles menús?

Si está estudiando duro en la facultad o el colegio universitario, o acaba de estrenarse en un nuevo trabajo, necesitará abundancia de energía. Para ello, un capítulo lleno de platos con base de carbohidratos como es «Pasta, arroz y fideos» tendrá las respuestas perfectas. Repóngase bien con Albóndigas de salchicha con guisantes y pasta, *Risotto* asado con mantequilla quemada o un simple plato de fideos *pad thai.*

La carne y el pescado son relativamente caros pero, con el fin de mantener una dieta sana, es esencial comer proteínas cuando podamos. En el capítulo «Carne, pollo y pescado» hay gran cantidad de platos que emplean cortes de carne más baratos como son ternera y cordero picados o alas de pollo y costillas. Y decididamente, aunque la mayoría de los pescados sugeridos aquí son bastante prohibitivos, siempre se pueden reservar para una ocasión especial o una cena de celebración. También puede sustituirlos por especies más baratas en la mayoría de las recetas.

La sección «Platos vegetarianos y ensaladas» es perfecta para aquellos que no comen carne, si bien hay muchos otros platos sin carne salpicados por todo el libro que ofrecen una amplia variedad de deliciosas comidas. Pruebe la *Tagine* de garbanzos de inspiración marroquí, el aromático Curry de hortalizas mixtas o la sugestiva Pizza de hojaldre con queso halloumi e higos.

El último capítulo, «Postres y pasteles fáciles», es para aquellos más golosos y está lleno de suntuosos postres y delicias dulces tanto para disfrute diario como para fiestas. El Pastel frío de chocolate, por ejemplo, sirve hasta a 30 personas y se conserva bien, lo que hace de ella un perfecto tentempié de media mañana para tomar con café. Hay una encantadora Macedonia con jarabe de flores de saúco para

los meses de verano, mientras que los Púdines pegajosos de *toffee* son ideales para el invierno.

artículos esenciales para el armario de comida

Tener un armario de comida bien abastecido es, además de útil, estupendo para las cenas de última hora. Aquí hay algunos artículos indispensables...

Aceite de oliva virgen extra y aceite vegetal Estos son esenciales para aderezar ensaladas así como para freír y asar.

Vinagre de vino blanco, de vino tinto y balsámico Son buenas opciones para carne y pollo marinados, si se quieren obtener unos resultados más tiernos, como para dar el toque fuerte a las ensaladas.

Tomates troceados en lata Imprescindibles para hacer sabrosas salsas para toda clase de platos.

Atún en aceite de oliva en lata Es tan saludable como sabroso y se puede comer tanto frío en ensaladas, o extendido sobre pan, como caliente en salsa para pasta o en pasteles de pescado.

Garbanzos y judías rojas en lata Son estupendos para hacer ensaladas y también para añadir a sopas, estofados y guisos.

Pasta y fideos secos Son infinitamente versátiles, para consumo frío en ensaladas o caliente como platos principales o ingrediente de sopas. Tenga una selección de distintas formas como spaghetti, macarrones y fusilli, así como fideos de arroz y fideos de huevo finos y medianos.

Especias y hierbas aromáticas Estas se pueden ir acumulando gradualmente para completar una versátil selección que incluya comino, cilantro y cúrcuma molidos, especias mixtas del Caribe y copos secos de guindilla para aportar gusto aromático y calor, canela molida tanto para platos dulces como salados, y orégano y tomillo secos para un sabor mediterráneo.

Sal marina y granos de pimienta negra enteros Estas son las mejores opciones para condimento diario, recién molidas para obtener el máximo sabor.

Arroz basmati, de grano largo y *risotto* El arroz añade cuerpo a una comida y constituye deliciosas comidas de por sí, como los *pilafs* y *risottos*.

Harina normal y con levadura Estas son vitales para hornear y para hacer salsa de queso o blanca.

Azúcar lustre y azúcar moreno claro y oscuro Estas son las clases de azúcar más versátiles. La primera es la más fácil de disolver y la última es para añadir un rico sabor.

Salsas orientales Salsas como la de soja, la de ostras, el *hoisin*, la salsa de pescado tailandesa y la de chile

dulce son estupendas para dar a sofritos, fideos y platos al vapor un toque de sabor instantáneo.

consejos para la compra

Haga una lista de compra antes de salir. Un viaje semanal al supermercado es perfecto para los alimentos no perecederos pero, si puede, compre diariamente ingredientes frescos en la carnicería, pescadería y frutería cercanas, ya que allí pueden recomendarle los mejores y más baratos ingredientes de temporada.

Si bien los supermercados tienen un stock constante de carne y pescado frescos, compruebe la fecha de caducidad en las etiquetas y compre sólo productos que tengan un aspecto fresco y vibrante. Los carniceros le venderán a menudo un solo filete o corte de carne, mientras que los supermercados tienden a ofrecer oportunidades de mayor cantidad a precio más bajo. En cuanto a frutas y hortalizas, busque siempre los productos de temporada, ya que estos tendrán la mejor calidad y precio. Han de tener una textura firme y una superficie lisa.

consejos para el almacenamiento

Guarde las frutas y hortalizas más robustas, como son manzanas, plátanos, patatas, cebollas y ajos, en un lugar fresco y oscuro pero no refrigerado. Las hierbas aromáticas frescas, la lechuga y otros artículos más delicados estarán mejor en el cajón de las verduras de su frigorífico. Si pone las hierbas aromáticas en una bolsa de plástico con un pequeño salpicado de agua le durarán más tiempo. Los champiñones se conservan mejor en una bolsa de papel o de tela, ya que en plástico «sudan» y se estropean con rapidez. Guarde los productos más pesados en el fondo y los más delicados arriba.

Saque la carne, la pollería y el marisco de sus paquetes o envolturas de plástico, lávelos, séquelos con tollas de papel y envuélvalos de nuevo holgadamente en papel aluminio. Guarde siempre la carne y pollería frescas en el estante inferior del frigorífico para que sus jugos crudos no puedan gotear sobre otros alimentos y mantenga siempre la carne y la pollería cocinadas lejos de las crudas para evitar toda contaminación.

Cualquier carne, pollería o pescado frescos que haya quedado sin usar se puede congelar siempre. Envuélvalos en papel aluminio o póngalos en una bolsa de congelador. Asegúrese de que los alimentos congelados están completamente descongelados antes de cocinarlos.

Si guarda los huevos en el frigorífico, acuérdese de sacarlos 1 hora antes de usarlos para que recuperen la temperatura ambiente.

comprobación de utensilios

El presupuesto del que disponga y también la frecuencia con que cocine determinarán, hasta cierto punto, los utensilios que precisa tener; pero aquí presentamos una selección de artículos recomendados. Ésta asegurará que usted tiene todo lo que necesita para la mayoría de los platos y será una buena inversión para el futuro, sobre todo si compra utensilios de buena calidad que demostrarán ser mucho más duraderos.

- Selección de 3 cazuelas de diferente tamaño
- Sartén grande de fondo pesado
- Fuente para asar
- Bandeja de horno
- Balanza
- 3 cuchillos afilados: pequeño, grande y de sierra
- Selección de cuencos para mezclar, desde boles individuales hasta cuencos grandes
- Jarra de medidas; de plástico está bien
- 2 tablas de cortar: una para alimentos crudos
- Colador grande
- Robot de cocina. Si se lo puede permitir, éste le ahorrará tiempo y dinero.

glosario

Polvo chino de cinco especias Una aromática mezcla de especias empleada en la cocina asiática.

Chorizo Un embutido español de cerdo con especias disponible en la sección de *gourmets* de los supermercados (ingleses, etc.).

Extracto de flor de saúco Un extracto hecho de flores de saúco disponible en supermercados.

Frangelico Un licor con sabor de avellana producido en Italia, disponible en supermercados grandes y en tiendas o distribuidores de vinos.

Queso halloumi Un queso de leche de oveja o cabra originario de Chipre. Mejor cocinado (al grill, a la plancha, frito); si no, puede ser correoso.

Fideos *hokkein* Fideos de huevo chinos empaquetados al vacío. Se pueden encontrar en la sección refrigerada de grandes supermercados. Puede usar la versión seca, pero necesitará doblar la cantidad indicada en la receta.

Especias mixtas del Caribe Una mezcla de especias empleada en la cocina caribeña y disponible en supermercados así como en tiendas y distribuidores de alimentación especializados.

Hojas de lima kaffir Estas hojas, otro ingrediente asiático, poseen una fantástica fragancia de lima

y se pueden encontrar en grandes supermercados, verdulerías y tiendas de comida oriental. Las hojas no utilizadas se conservan bien en el congelador, guardadas en bolsas de cierre hermético.

Queso mascarpone Este queso, de alto contenido en grasa, es especialmente útil para cocinar porque nunca se corta cuando se calienta y hace los platos más sustanciosos.

Mirin Un condimento japonés de vino de arroz. Se puede comprar en la mayoría de los supermercados y tiendas de comida alternativa.

Pak choi Verdura china con unas delicadas hojas de color verde oscuro y un bulbo blanco con tallos crujientes, disponible todo el año en supermercados. Tienen un alto contenido en vitaminas, entre ellas A y C, así como calcio, hierro y ácido fólico.

Lentejas de Puy Diminutas lentejas verdes con venillas azules originarias de Francia disponibles en supermercados y tiendas de comida natural. No necesitan ponerse en remojo.

Anís estrellado Una de las especias utilizadas para hacer el polvo chino de cinco especias, pero vale la pena comprarla también entera por separado para condimentar platos orientales.

Sumac Una especia de Oriente Próximo que normalmente se encuentra en su forma molida de color rojo/púrpura vivo, con un fragante aroma de limón. Se encuentra en supermercados, tiendas de comida y distribuidores especializados.

Hojas de albahaca tailandesa Un artículo indispensable para conseguir un sabor esencial «tai», pero la albahaca común europea también servirá. Disponible en supermercados y tiendas asiáticas.

13

desayunos y almuerzos

panqueques de beicon y jarabe de arce

4 raciones
tiempo de preparación
 5 minutos
tiempo de cocción **15 minutos**

300 g de **harina normal**
2 ½ cucharadas pequeñas
 de **polvo de hornear**
½ cucharadita de **sal**
1 **huevo**, levemente batido
425 ml de **leche**
25 g de **mantequilla**, derretida
aceite de oliva en espray,
 para untar
8 **lonchas de beicon ahumado**
jarabe de arce, para servir

Tamice sobre un cuenco la harina, el polvo de hornear y la sal. Haga un agujero en el centro y vierta y bata en él el huevo y la leche hasta mezclarlo con el resto. Continúe batiendo hasta que la mezcla quede bien lisa y uniforme. Añada y mezcle con la mantequilla derretida.

Ponga en el fuego una sartén de fondo pesado hasta que esté bien caliente, rocíe ligeramente en ella aceite de oliva y ponga dentro unos 100 ml de la masa para panqueques. Deje que se haga a fuego medio durante 1 o 2 minutos, hasta que empiecen a aparecer burbujas en la superficie. Dé la vuelta al panqueque y deje que se haga también durante 1 o 2 minutos, hasta que la cara inferior se empiece a poner marrón. Retírelo de la sartén y manténgalo caliente en un horno precalentado a 150 °C (marca de gas 2) mientras cocina el resto de la masa. Deberían salir 8 panqueques en total.

Entretanto, cocine el beicon bajo un grill fuerte precalentado durante 2 minutos por cada cara, hasta que se dore.

Sirva los panqueques coronados con el beicon y un chorrito de jarabe de arce.

Para preparar panqueques con bayas mixtas, prepare la masa de panqueque y cocínelos como se indica en la receta. Mientras tanto, mezcle en una cazuela 250 g de bayas mezcladas, 2 cucharadas de azúcar lustre y póngalas a calentar a fuego lento durante 2 o 3 minutos, hasta que la mezcla esté blanda y jugosa. Sirva los panqueques coronados con la salsa de bayas y un poco de yogur griego.

salmón ahumado con huevos revueltos

1 ración
tiempo de preparación
10 minutos
tiempo de cocción **3-4 minutos**

15 g de **mantequilla**
3 **huevos** grandes
1 cucharada **de leche**
1 cucharada de **nata líquida**
 (opcional)
28-40 g de **salmón ahumado**,
 cortado en tiras estrechas
1 cucharadita de **cebollinos**
 finamente cortados
1 o 2 **tostadas** calientes
 con mantequilla
sal y **pimienta negra**

Derrita la mantequilla en una cazuela a fuego lento hasta que haga espuma.

Vierta los huevos en un cuenco y mézclelos bien con un tenedor. Añada la leche y salpimiente.

Vierta los huevos desechos en la mantequilla y cocínelos, sin dejar de remover y rascar el fondo con una cuchara de madera y trayendo los huevos desde el borde hasta el centro. Los huevos estarán listos cuando formen cuajos blandos y cremosos y estén poco hechos.

Retire la cazuela del fuego, vierta en ella la nata (si la usa), el salmón y los cebollinos y revuelva bien. Ponga la mezcla sobre la tostada caliente en un plato de servir caliente. Sírvala inmediatamente.

Para preparar huevos revueltos con queso de cabra y hierbas aromáticas, cocine los huevos revueltos como se indica en la receta. Cuando estén apenas cuajados, retire la cazuela del fuego, vierta encima 100 g de queso tierno de cabra y 2 cucharadas de hierbas aromáticas troceadas y mezcle bien. Ponga la mezcla sobre la tostada caliente y sírvala.

rösti con jamón y huevos

2 raciones
tiempo de preparación
10 minutos
tiempo de cocción
10-12 minutos

500 g de **patatas cerosas**, como
por ejemplo Desirée, peladas
25 g de **mantequilla**
2 **huevos**
2 lonchas de **jamón ahumado**
sal y **pimienta negra**
ketchup, para servir

Ralle las patatas en un rallador de caja y póngalas en un paño de cocina limpio. Envuélvalas en el paño, estrújelas para escurrir el exceso de agua, trasládelas a un cuenco y salpiméntelas al gusto.

Derrita la mantequilla en una sartén grande antiadherente. Divida la patata rallada en cuatro partes y forme con cada una una torta de 10 cm. Póngalas en la sartén y deje que se hagan a fuego medio durante 5 o 6 minutos por cada cara, hasta que estén ligeramente doradas.

Mientras tanto, escalfe o fría los huevos.

Sirva 2 *röstis* por persona, coronados con un huevo, una loncha de jamón ahumado y un poco de ketchup.

Para preparar *rösti* de boniato con huevo y espinaca, ralle 250 g de boniatos y 250 g de patatas cerosas y mézclelos. Prepare y cocine el *rösti* como en la receta anterior. Sirva 2 *röstis* coronados con un huevo escalfado y un puñadito de hojas tiernas de espinaca.

espárragos con huevos rotos

4 raciones
tiempo de preparación
10 minutos
tiempo de cocción **10 minutos**

500 g de **espárragos enteros**,
    con la base recortada
aceite de oliva, para untar
    y fritura superficial
4 **huevos**, refrigerados
sal y **pimienta negra**
virutas de queso parmesano,
    para servir

Escalde los espárragos durante 2 minutos en una cazuela con agua salada hirviendo. Escúrralos y enfríelos bajo el grifo de agua fría. Vuelva a escurrirlos, séquelos suavemente con un paño limpio desde arriba y rocíelos con un poco de aceite.

Cocine los espárragos en una bandeja de grill o en una barbacoa precalentadas hasta que estén tiernos, pero aún algo crujientes. Deje que se enfríen ligeramente.

Rompa los huevos, uno por uno, sobre una taza y deslícelos suavemente a una sartén con aceite muy caliente (con cuidado, pues el aceite chisporreteará). Una vez que los bordes de los huevos se hayan inflado y dorado, reduzca el fuego a lento, tape la sartén y deje que se hagan durante 1 minuto más. Saque los huevos de la sartén con una espumadera y déjelos escurrir sobre papel de cocina. Las yemas tienen que estar todavía líquidas por dentro.

Reparta los espárragos entre 4 platos calientes y corone cada montón con un huevo. Esparza por encima pimienta y virutas de queso parmesano. Sírvalos con una pequeña tarrina de sal para los huevos.

Para preparar huevos pasados por agua con espárragos y «soldados» de jamón, escalde 20 espárragos enteros como arriba se indica. Escúrralos y enfríelos bajo el chorro de agua fría. Vuelva a escurrirlos y séquelos suavemente con un paño limpio. Corte 4 lonchas de jamón en 5 tiras largas y delgadas cada una y envuelva cada espárrago en una tira de jamón. Hierva 4 huevos en una cazuela con agua hirviendo suavemente durante 4 minutos. Páselos a tazas de huevo, recorte los extremos superiores y sírvalos con los espárragos envueltos en jamón, para mojar.

pavo al queso y salsa de arándanos agrios

4 raciones
tiempo de preparación
5 minutos
tiempo de cocción **8 minutos**

4 **panecillos planos**
2 cucharadas de **mostaza de grano entero**
2 cucharadas de **salsa de arándanos agrios**
200 g de **pechuga de pavo cocinada**, cortada en lonchas
125 g de **queso cheddar**, rallado

Corte los panecillos por la mitad, en plano, y extienda en una mitad mostaza y en la otra salsa de arándano. Ponga encima una loncha de pavo y queso y junte ambas mitades formando un bocadillo.

Ponga al fuego una sartén hasta que esté bien caliente, añada el bocadillo y deje que se haga a fuego medio durante 4 minutos por cada lado, hasta que esté dorado y el queso se haya derretido. Sírvalo caliente.

Para preparar pasta de aguacate con queso azul y espinaca, corte los panecillos por la mitad, en horizontal, y extienda en cada mitad-base un poco de mantequilla. Pele, deshuese y corte en rodajas un aguacate y aplástelo hasta deshacerlo bien. Mezcle bien la pasta de aguacate con queso azul desmenuzado y 2 cucharadas de nata espesa. Reparta la mezcla entre las bases de panecillo y añada unas pocas hojas de espinaca tierna. Agregue las mitades de panecillo superiores y deje que se hagan como en la receta anterior hasta que el relleno comience a rezumar.

tortillas de huevo y queso manchego

4 raciones
tiempo de preparación
15 minutos, más tiempo
de enfriado
tiempo de cocción **20 minutos**

1 **cebolla**, finamente cortada
1 **guindilla verde**, sin semillas
y finamente cortada, más algo
extra para servir
1 **mazorca de maíz tierno**,
desgranada, o 4 cucharadas
de **maíz dulce de lata**
10 **huevos**, batidos
25 g de **mantequilla**
75 g de **queso manchego**,
desmenuzado, más algunas
virutas extra para servir
1 cucharada de **cilantro fresco**,
troceado, más algo extra para
servir
8 **tortillas de harina**, calentadas
en el horno
sal y **pimienta negra**
cebollinos troceados, para
guarnición
4 cucharadas de **salsa de chile
dulce**

Mezcle en un cuenco la cebolla, la guindilla y los granos de maíz dulce con los huevos batidos. Salpimiente bien.

Derrita la mantequilla en una sopera grande hasta que haga espuma. Añada la mezcla de huevo y cocínela a fuego medio, sin dejar de remover, hasta conseguir una textura blanda de huevos revueltos. Retire inmediatamente la sartén del fuego y revuelva con la mezcla el queso manchego desmenuzado y el cilantro.

Sírvalo inmediatamente sobre las tortillas calientes y esparza por encima rodajas de guindilla verde, cilantro fresco y cebollinos, más algunas virutas de queso manchego y la salsa de chile dulce.

Para servir guacamole casero con las tortillas en lugar de la salsa de chile dulce, pele, deshuese y corte en dados un aguacate y póngalo en un robot de cocina o una batidora con 1 diente de ajo machacado, 1 guindilla roja sin semillas y cortada en rodajas, el zumo de 1 lima, 1 cucharada de cilantro fresco troceado y sal y pimienta al gusto. Bátalo todo hasta que quede una mezcla uniforme y trasládela a un cuenco. Añada un tomate sin semillas y finamente troceado, y revuelva bien.

tartaletas de beicon y huevo con pan crujiente

4 raciones
tiempo de preparación
10 minutos
tiempo de cocción **35 minutos**

aceite de oliva en espray,
para untar
16 rebanadas de **pan blanco**
75 g de **mantequilla**, derretida
150 g de **lonchas de beicon ahumado**, sin la corteza y cortadas en cuadrados
2 **huevos**
125 ml de **nata doble**
2 cucharadas de **queso parmesano** recién rallado
8 **tomates cherry**
sal y **pimienta negra**

Embadurne ligeramente con aceite de oliva una bandeja de magdalenas grandes (*muffins*). Recorte las cortezas del pan y deséchelas. Aplaste cada rebanada de pan pasando firmemente un rodillo por encima de ellas. Unte con un pincel cada rebanada con mantequilla derretida y coloque 8 de las rebanadas diagonalmente sobre las otras 8 para formar las bases. Empuje con cuidado las bases hasta alojarlas en los moldes de la bandeja de magdalenas preparada, asegurándose de que encajan uniformemente (han de alcanzar los bordes de los moldes).

Hornéelas en un horno precalentado a 200 °C (marca de gas 6) durante 12 o 15 minutos, hasta que estén crujientes y doradas.

Mientras tanto, ponga al fuego una sartén hasta que esté bien caliente y, entonces, añada el beicon y deje que se haga durante 2 o 3 minutos, hasta que esté crujiente y dorado.

Reparta el beicon entre las tartaletas de pan horneado. Bata juntos en un cuenco los huevos, la nata, el queso y salpimiente. Ponga la mezcla con una cuchara dentro de las tartaletas y corone cada una con un tomate cherry. Ponga en el horno durante 15 minutos, hasta que haya cuajado.

Para preparar tartaletas de espinaca y huevo, elabore y hornee las bases de pan como se indica en la receta. Mientras tanto, derrita 15 g de mantequilla en una sartén, añada 125 g de hojas tiernas de espinaca y deje que se haga a fuego lento durante 2 o 3 minutos, justo hasta que pierda su tersura. Escúrrala bien y déjela secar sobre papel de cocina. Reparta la espinaca entre las tartaletas de pan. Bata juntos los huevos, la nata, el queso y salpimiente al gusto, como se indica en la receta, y vierta la mezcla sobre la espinaca. Ponga las tartaletas en el horno durante 15 minutos, hasta que cuajen.

tartaletas de espinaca, feta y huevo

4 raciones
tiempo de preparación
15 minutos
tiempo de cocción **20 minutos**

250 g de **hojas de espinaca
congeladas**, descongeladas
125 g de **queso feta**, cortado
en dados
2 cucharadas de **queso
mascarpone**
1 pizca de **nuez moscada** recién
rallada
4 hojas de **hojaldre griego**,
descongeladas si son
congeladas
50 g de **mantequilla**, derretida
4 **huevos**
sal y **pimienta**

Escurra la espinaca y exprima el exceso de agua y, después, córtela finamente. Póngala en un cuenco y mezcle con ella el queso feta, el mascarpone, la nuez moscada y salpimiente.

Coloque las hojas de hojaldre griego una encima de otra y, con un pincel, úntelas con un poco de mantequilla derretida. Recorte cuatro redondeles de 15 cm empleando un platillo como plantilla.

Reparta la mezcla de la espinaca entre los redondeles de hojaldre, extendiendo bien el relleno pero dejando un borde de 2,5 cm a su alrededor. Doble el borde hacia arriba, cerrándolo ligeramente hacia dentro para formar una pared.

Pase las tartaletas a una bandeja de horno y póngalas en el horno precalentado a 200 °C (marca de gas 6) durante 8 minutos.

Retírelas del horno y, con cuidado, abra y vierta un huevo sobre el interior de cada una. Vuelva a meterlas en el horno y deje que se hagan durante 8 o 10 minutos más, hasta que los huevos hayan cuajado.

Para preparar paquetes de espinaca y queso de cabra, elabore la espinaca tal como se indica en la receta y, después, mézclela con 125 g de queso de cabra tierno, 2 cucharadas de queso mascarpone, una pizca de comino molido y salpimiente al gusto. Recorte los redondeles de hojaldre como se indica en la receta y reparta la mezcla de espinaca entre ellos, pero póngala en una mitad de cada redondel. Con cuidado, pliegue el borde del hojaldre en torno al relleno y empújelo un poco hacia dentro para asegurar. Hágalos en el horno, como se indica en la receta, y sírvalos con gajos de limón, para exprimirlos por encima, y yogur griego.

huevos a la benedicto

4 raciones
tiempo de preparación
  5 minutos
tiempo de cocción **15 minutos**

8 lonchas gruesas de jamón
  cocido
4 *muffins* o *brioches*
25 g de **mantequilla**
8 **huevos escalfados** calientes
cebollinos troceados,
  para guarnición

para la **salsa holandesa**
3 **yemas de huevo**
1 cucharada de **agua fría**
125 g de **mantequilla**,
  ablandada
1 pizca grande de **sal**
2 pizcas de **pimienta cayena**
1 cucharadita de **zumo de limón**
1 cucharada de **nata líquida**

Caliente las lonchas de jamón bajo un grill fuerte precalentado durante 2 o 3 minutos por cada cara. Póngalas en una fuente para horno y manténgalas calientes en el horno al mínimo.

Haga la salsa. Bata juntas las yemas de huevo y la medida de agua en la parte superior de una olla de baño María, sobre agua hirviendo a fuego lento, hasta que la mezcla esté uniforme y pálida. Añada gradualmente la mantequilla, un poco cada vez, y continúe batiendo hasta que la mezcla se espese. Agregue la sal, una pizca de pimienta cayena y el zumo de limón. Añada la nata y revuelva bien. Retire la mezcla del fuego y manténgala caliente.

Corte los *muffins* o *brioches* por la mitad y después tuéstelos y úntelos con mantequilla. Dispóngalos en platos calientes. Coloque una loncha de jamón sobre cada mitad de *muffin* y corónela con un huevo escalfado. Con una cuchara, ponga un poco de salsa sobre cada huevo. Guarnezca con el resto de la cayena y cebollinos y sirva inmediatamente.

granola de bayas de verano

4 raciones
tiempo de preparación
10 minutos
tiempo de cocción **8-9 minutos**

aceite de oliva en espray,
  para untar
200 g de **copos de avena
  troceados**
100 g de **frutos secos mixtos**,
  tostados y toscamente
  troceados
1 cucharada de **jarabe de arce**,
  más algo extra para servir
300 ml de **leche**, más algo extra
  para servir
150 g de **bayas de verano
  mixtas**
yogur griego, para servir

Unte ligeramente una bandeja de horno con aceite en espray. Ponga en un cuenco los copos de avena y los frutos secos y mezcle con ellos el jarabe de arce. Extienda la mezcla por toda la bandeja preparada y ponga ésta a asar en un horno precalentado a 180 °C (marca de gas 4) durante 5 minutos.

Retire la bandeja del horno y remueva bien el contenido. Vuelva a ponerla en el horno y deje que siga haciéndose durante otros 3 o 4 minutos, hasta que esté ligeramente tostado, Déjelo enfriar.

Reparta la granola entre 4 boles individuales y vierta la leche encima. Añada las bayas y sírvalos con yogur griego y un chorrito de jarabe de arce.

Para preparar muesli Bircher, ponga los copos de avena y frutos secos en un cuenco y mezcle el jarabe de arce con ellos tal como se indica en la receta. Después añada 600 ml de leche a la mezcla. Déjela macerar así durante al menos 2 horas (o incluso toda la noche en el frigorífico) y sírvalo coronado con frutas de su gusto y yogur natural.

melocotones al grill con fruta de la pasión

4 raciones
tiempo de preparación
  2 minutos
tiempo de cocción **4-5 minutos**

6 **melocotones grandes
  maduros**
2 cucharadas de **miel clara,**
  más algo extra para servir
2 cucharaditas de **canela molida**

para **servir**
125 g de **yogur griego**
la pulpa de 2 **frutas de la pasión**

Corte los melocotones por la mitad y quite los huesos. Coloque las mitades de melocotón, con la cara cortada hacia arriba, en una bandeja de grill forrada con papel aluminio y rocíelas por encima con miel y polvo de canela.

Cocínelas bajo un grill fuerte precalentado durante 4 o 5 minutos, hasta que estén ligeramente chamuscados.

Póngalos con una cuchara en boles de servir, cada uno coronado con yogur griego, un chorrito extra de miel y la pulpa de fruto de pasión.

Para preparar higos al grill con jarabe de arce y pacanas, corte 6 higos grandes maduros por la mitad y vierta sobre ellos 2 cucharadas de jarabe de arce. Cocínelos bajo un grill fuerte precalentado durante 2 o 3 minutos, hasta que se ablanden. Trasládelos a platos de servir y corone cada uno con 1 cucharada de crema, unas pocas pacanas tostadas y troceadas y un chorrito extra de jarabe de arce.

muffins de virutas de chocolate con chile

8 raciones
tiempo de preparación
10 minutos
tiempo de cocción **20 minutos**

200 g de **harina con levadura**
50 g de **cacao en polvo**
1 cucharadita de **polvo**
de hornear
150 g de **azúcar moreno claro**
1 **huevo**, levemente batido
250 ml de **leche**
50 g de **mantequilla**, derretida
125 g de **chocolate con chile**,
troceado, o **chocolate normal**
oscuro y una pizca de chile
en polvo
75 g de **pacanas**, tostadas
y toscamente trituradas
aceite de oliva en espray,
para untar

Corte un cuadrado de papel de horno de 15 cm de lado
y úselo como plantilla para cortar otros 7 iguales. Dóblelos
todos en cuartos, vuelva a abrirlos en plano y póngalos
a un lado.

Tamice la harina, el polvo de cacao y el polvo de hornear sobre
un cuenco y, después, mezcle el azúcar con ellos. Bata juntos
el huevo, la leche y la mantequilla derretida en un bol pequeño,
y después mézclelos con los ingredientes secos hasta que
estén simplemente combinados (no completamente mezclados).
Añada y mezcle el chocolate y las pacanas.

Unte cada cuadrado del papel de horno con aceite en espray
y póngalos en los agujeros de una bandeja para *muffins*
(o magdalenas). Con una cuchara, llene los huecos forrados
con la mezcla de chocolate y póngalo a cocer en un horno
precalentado a 200 °C (marca de gas 6) durante 20 minutos,
hasta que se hinchen y se doren. Déjelos enfriar ligeramente
sobre una rejilla de horno y sírvalos aún calientes.

Para preparar *muffins* de chocolate blanco y frambuesas,
tamice sobre un cuenco 250 g de harina con levadura y
1 cucharadita de polvo de hornear y, después, mezcle con
ellos 150 g de azúcar moreno claro. Bata juntos 1 huevo
ligeramente batido, 250 ml de leche y 50 g de mantequilla
derretida y después mezcle con ello los ingredientes secos
hasta que estén sólo combinados (no completamente
mezclados). Añada y mezcle 125 g de chocolate blanco
troceado y 125 g de frambuesas pequeñas. Póngalos
a cocer en el horno tal como se indica en la receta
y sírvalos calientes.

sopas y potajes

chuletas de cerdo asadas con patatas

4 raciones
tiempo de preparación
  10 minutos
tiempo de cocción
  45-50 minutos

750 g de **patatas**
2 cucharadas de **aceite de oliva
  virgen extra**
4 **chuletas de cerdo grandes**,
  de unos 250 g cada una
Una **pieza de beicon ahumado**
  de 125 g, sin la corteza
  y cortada en dados
1 **cebolla** grande, cortada
  en rodajas
2 **dientes de ajo**, cortados
  en rodajas
2 cucharaditas de **orégano seco**
la **piel** rallada y el **zumo**
  de 1 **limón**
250 ml de **caldo de pollo**
  (*véase* pág. 44 para caldo
  de pollo casero)
sal y **pimienta negra**
unas pocas **hojas de tomillo**,
  para adornar (opcional)

Corte las patatas en cubos de 2,5 cm. Caliente el aceite en una sartén para horno o una cazuela de cerámica a prueba de calor, añada las chuletas de cerdo y cocínelas a fuego rápido durante 1 o 2 minutos por cada lado, hasta que estén doradas. Retírelas de la sartén con una espátula.

Reduzca el fuego a medio, añada el beicon y la cebolla y cocínelos, removiendo, durante 3 o 4 minutos, hasta que se doren. Añada las patatas, el ajo, el orégano y la piel de limón y remueva bien. Vierta el caldo y el zumo de limón y salpimiente.

Ponga el recipiente en el horno precalentado a 180°C (marca de gas 4) y deje que se ase, destapado, durante 20 minutos. Ponga las chuletas encima y déjelas asar durante otros 20 minutos, hasta que las patatas y el cerdo estén bien hechos por dentro.

Para preparar chuletas de cerdo con boniatos asados y salvia, emplee 750 g de boniatos, pelados y cortados en cubos, en lugar de las patatas, y cocínelos como se indica en la receta. Prosiga con la receta, pero use 1 cucharada de salvia en lugar del orégano seco.

estofado de pollo
con hortalizas y lentejas

6 raciones
tiempo de preparación
15 minutos
tiempo de cocción **2 horas**

1 kg de **filetes de muslo
de pollo sin piel**, cortados
por la mitad
2 cucharadas de **harina
normal**, condimentada
con sal y pimienta negra
3 cucharadas de **aceite de oliva**
1 **cebolla** grande, troceada
2 **zanahorias**, troceadas
2 **tallos de apio**, troceados
2 **dientes de ajo**, machacados
150 ml de **vino blanco seco**
1 l de **caldo de pollo** (*véase*
más abajo para caldo de pollo
casero)
1 cucharada de **romero** troceado
150 g de **lentejas de Puy**
sal y **pimienta negra**

Espolvoree los muslos de pollo con la harina condimentada
para recubrirlos levemente.

Caliente la mitad del aceite en una cazuela de cerámica a
prueba de calor, añada el pollo, en 2 tandas, y cocínelo a fuego
entre medio y rápido durante 5 minutos, hasta que se dore
por ambos lados. Retírelo de la cazuela con una espumadera.

Reduzca el fuego a medio y ponga en el resto del aceite
en la cazuela. Añada la cebolla, las zanahorias, el apio, el ajo
y salpimiente al gusto y cocínelo, removiendo con frecuencia,
durante 5 minutos. Añada el vino, el caldo, el romero y las
lentejas y vuelva a poner los muslos de pollo en la cazuela.

Póngalo a fuego rápido, removiendo hasta que hierva y
después reduzca el fuego, tape la cazuela y deje que se haga
lentamente durante 1 hora y media, hasta que las hortalizas
y las lentejas estén tiernas.

Para preparar caldo de pollo casero, corte una carcasa
de pollo en 3 o 4 pedazos y póngalos en una sopera grande
con cualquier otro despojo del pollo, 1 cebolla, 2 zanahorias
grandes y un tallo de apio todos ellos toscamente cortados,
1 ramita de romero y 1,8 l de agua fría. Póngalo a fuego
rápido hasta que hierva, retirando con una espumadera
cualquier capa que se forme en la superficie. Reduzca
a fuego lento y deje que se haga, destapado, durante
2 horas. Páselo por un colador fino y deje que se enfríe por
completo antes de ponerlo en el frigorífico. Cuando esté
bien frío, retire la grasa solidificada de la superficie. Debería
salir en torno a 1 l de caldo.

bacalao al horno con tomates y olivas

4 raciones
tiempo de preparación
5 minutos
tiempo de cocción **15 minutos**

250 g de **tomates cherry,**
cortados por la mitad
100 g de **aceitunas negras
sin hueso**
2 cucharadas de **alcaparras
en salmuera,** escurridas
4 **ramitas de tomillo,** más algo
extra para guarnecer
4 **filetes de bacalao,**
de unos 175 g cada uno
2 cucharadas de **aceite de oliva
virgen extra**
2 cucharadas de **vinagre
balsámico**
sal y **pimienta negra**

Mezcle los tomates, las olivas, las alcaparras y las ramitas de tomillo en un una cazuela larga de asar. Ponga los filetes en la cazuela, entre los demás ingredientes, rocíelos con aceite y vinagre balsámico y salpimiente al gusto.

Póngalo a asar en un horno precalentado a 200 °C (marca de gas 6) durante 15 minutos.

Ponga el pescado, con tomates y olivas, en platos calientes. Con una cuchara, vierta los jugos de la cazuela sobre el pescado. Sírvalo inmediatamente con una ensalada verde de hojas mixtas.

Para preparar bacalao al vapor con limón, disponga los 4 filetes de bacalao en 4 cuadrados de papel de aluminio de 30 cm de lado. Corone cada uno con una cucharadita de piel de limón rallada, un chorrito de zumo de limón, 1 cucharada de aceite de oliva virgen extra y salpimiente al gusto. Cierre los bordes del papel de aluminio para formar paquetes, trasládelos a una bandeja de horno y póngalos a asar en el horno precalentado a 200 °C (marca de gas 6) durante 15 minutos. Saque del horno y deje reposar durante 5 minutos. Abra los paquetes y sírvalos rociados con perejil troceado.

goulash de ternera

8 raciones
tiempo de preparación
10 minutos
tiempo de cocción **2 horas-**
2 horas y 30 minutos

4 cucharadas de **aceite de oliva**
1,5 kg de **carne para estofado**,
cortada en cubos
2 **cebollas**, cortadas en rodajas
2 **pimientos rojos**, sin el corazón
ni las semillas y cortados
en cuadrados
1 cucharada de **pimentón**
ahumado
2 cucharadas de **mejorana**
troceada
1 cucharadita de **semillas**
de alcaravea
1 l de **caldo de vacuno**
(*véase* más abajo para caldo
de vacuno casero)
5 cucharadas de **puré de tomate**
sal y **pimienta negra**

Caliente el aceite en una sopera a prueba de calor, añada
la carne en 3 tandas y cocínela a fuego rápido durante
5 minutos, hasta que se dore por todos los lados. Retire
la carne de la sopera con una espumadera.

Añada las cebollas y los pimientos rojos a la sopera
y cocínelos a fuego lento durante 10 minutos, hasta
que se ablanden. Mezcle con ellos el pimentón, la mejorana
y las semillas de alcaravea y deje que se haga, removiendo,
durante 1 minuto más.

Vuelva a poner la carne en la sopera, añada el caldo, el puré
de tomate y salpimiente al gusto, y póngala a fuego rápido,
removiendo, hasta que hierva. Reduzca el fuego, tape
la sopera y deje que se haga lentamente durante 1 hora
y 30 minutos o 2 horas. Puede quitar la tapa durante
los últimos 30 minutos si la salsa necesita espesarse.

Para preparar caldo de vacuno casero, ponga en una
sopera grande 750 g de jarrete de vacuno cortado en cubos,
2 cebollas, 2 o 3 zanahorias y 2 tallos de apio todos ellos
troceados, 1 hoja de laurel, 1 ramito de hierbas aromáticas,
entre 4 y 6 granos de pimienta y 1,8 l de agua fría. Póngalo
a fuego medio hasta que hierva y, entonces, reduzca a lento,
cubra la olla con una tapa que se ajuste bien y déjelo hervir
durante 2 horas, retirando cualquier espuma que aflore a
la superficie. Páselo por un colador fino y déjelo enfriar antes
de meterlo en el frigorífico. Deberían salir en torno a 1,5 l.

judías con melaza y mostaza

6 raciones
tiempo de preparación
10 minutos
tiempo de cocción **1 hora
y 35 minutos**

1 **zanahoria**, cortada en dados
1 **tallo de apio**, troceado
1 **cebolla**, troceada
2 **dientes de ajo**, machacados
2 latas de 400 g de **judías
de soja**, escurridas
700 g de *passata* en tarro
75 g de **lonchas de beicon
ahumado**, cortadas
en cuadrados
2 cucharadas de **melaza negra**
2 cucharaditas de **mostaza
de Dijon**
sal y **pimienta negra**

Ponga todos los ingredientes en una cazuela de cerámica a prueba de calor y coloque ésta sobre fuego lento hasta que hiervan.

Tápela y trasládela a un horno precalentado a 160 °C (marca de gas 3), y deje que se haga durante 1 hora.

Retire la tapa y deje que siga haciéndose durante otros 30 minutos. Sírvalo con pan frotado con ajo (*véase* más abajo).

Para preparar el pan frotado con ajo, para servir con las judías, ponga en el fuego una plancha acanalada hasta que esté bien caliente. Coloque en ella 6 rebanadas gruesas de pan de masa fermentada y deje que se hagan durante 2 minutos por cada cara, hasta que estén ligeramente chamuscadas. Frote cada rebanada con un diente de ajo (o 2) pelado y añada un chorrito de aceite de oliva virgen extra.

estofado de ternera con cebolleta a la vinagreta y cerveza

4 raciones
tiempo de preparación
10 minutos
tiempo de cocción **2 horas y 15 minutos**

1 kg de **carne para estofar**, cortada en cubos
3 cucharadas de **harina normal**, condimentada con sal y pimienta negra
2 cucharadas de **aceite de oliva**
500 g de **cebolletas en vinagre** en tarro, escurridas
2 **zanahorias**, cortadas en gruesas rodajas
300 ml de **cerveza**
600 ml de **caldo de carne de vacuno** (*véase* pág. 48 para caldo de carne casero)
4 cucharadas de **puré de tomate**
1 cucharada de **salsa Worcester**
2 **hojas de laurel**
sal y **pimienta negra**
unas ramitas de **perejil** fresco troceadas, para adornar

Espolvoree la carne con la harina condimentada para recubrirla levemente.

Caliente el aceite en una sopera grande a prueba de calor. Añada la carne, en 3 tandas, y cocínela a fuego rápido durante 5 minutos, retirándola de la sopera con una espumadera. Vuelva a poner toda la carne en la sopera.

Añada las cebollas y las zanahorias a la sopera, remueva bien el contenido y, después, mezcle gradualmente con él la cerveza y el caldo y deje que empiece a hervir. Entonces añada el puré de tomate, la salsa Worcester, las hojas de laurel, salpimiente al gusto y remueva bien.

Tape la sopera, pásela al horno precalentado a 160 °C (marca de gas 3) y deje que se haga durante 2 horas, removiéndolo a mitad del proceso, hasta que la carne y las hortalizas estén tiernas. Adorne con el perejil y sírvalo con polenta blanda (*véase* a continuación).

Para preparar la polenta blanda, para servir con el estofado, haga hervir a fuego rápido 1 l de agua en una olla, añada 2 cucharaditas de sal y, después, añada poco a poco 175 g de polenta, sin dejar de remover hasta que la mezcla hierva. Deje que se haga durante 5 minutos, retírela del fuego, añada 50 g de mantequilla y 4 cucharadas de queso parmesano recién rallado y remueva. Salpimiente al gusto.

asado de pollo y arroz

4 raciones
tiempo de preparación
15 minutos
tiempo de cocción **1 hora**

8 **filetes de muslo de pollo**
   sin piel, unos 750 g en total
8 **lonchas de beicon**
   entreverado, sin la corteza
2 cucharadas de **aceite de oliva**
250 g de **aroz de grano largo**
1 **cebolla**, troceada
2 **dientes de ajo**, machacados
1 cucharadita de **cúrcuma**
   molida
la **piel** rallada y el **zumo**
   de ½ **limón**
500 ml de **caldo de pollo**
   caliente (*véase* pág. 44
   para caldo de pollo casero)
1 cucharada de **cilantro fresco**
sal y **pimienta negra**

Envuelva cada muslo de pollo con una loncha de beicon y sujete ésta con un palillo de cóctel.

Caliente el aceite en una paellera a prueba de calor, añada el pollo y cocínelo a fuego rápido durante 5 minutos, hasta que se dore por todos los lados. Retire el pollo con una espumadera.

Vierta el arroz en la paellera y cocínelo a fuego lento durante 1 minuto, sin dejar de remover. Añada la cebolla, el ajo, la cúrcuma, las ralladuras de limón, el caldo y salpimiente al gusto. Coloque los muslos de pollo, bien repartidos, sobre el arroz y presiónelos suavemente.

Tape la paellera con una capa de papel de aluminio y después ponga encima la tapa. Póngala en el horno precalentado a 180°C (marca de gas 4) y deje que se ase durante 50 minutos.

Sáquela del horno y mezcle con su contenido el cilantro y el zumo de limón. Deseche los palillos y sírvalo con una salsa de yogur ácido (*véase* abajo).

Para preparar la salsa de yogur ácido para servir con el arroz, mezcle en un cuenco 150 g de yogur griego con 1 cucharadita de piel de limón rallada, 1 diente de ajo machacado, 2 cucharaditas de zumo de limón, 1 cucharada de perejil troceado y salpimiente al gusto.

sopa de calabaza con beicon crujiente

4 raciones
tiempo de preparación
10 minutos
tiempo de cocción **30 minutos**

1 kg de **calabaza**, pelada
y sin semillas
2 cucharadas de **aceite de oliva
virgen extra**
1 **cebolla** grande, cortada
en rodajas
2 **dientes de ajo**, machacados
½ cucharadita de **pimentón
ahumado**
1,25 l de **caldo de pollo**
(*véase* pág. 44 para caldo
de pollo casero)
4 **lonchas de beicon
entreverado**, sin la corteza
sal y **pimienta negra**

Corte la calabaza en cubos de 2,5 cm y póngala en una bandeja de asar. Añada 1 cucharada de aceite de oliva y remueva bien. Póngala a asar en un horno precalentado a 200 °C (marca de gas 6) durante 25 minutos.

Mientras tanto, caliente 1 cucharada de aceite de oliva en una cazuela grande, añada la cebolla, el ajo, el pimentón y salpimiente, y cocínelos a fuego lento durante 10 minutos, hasta que estén blandos.

Añada la calabaza asada y el caldo a la cazuela y haga que hiervan durante 5 minutos. Traslade el contenido a un robot de cocina o una batidora y bátalo hasta que se convierta en un puré liso y uniforme.

Mientras tanto, cocine el beicon en el grill precalentado hasta que esté crujiente.

Vierta el puré en boles calientes. Rompa el beicon en pequeños pedazos, espárzalos por encima y rocíe el resto del aceite sobre el puré.

Para preparar puré de calabaza con salsa de olivas, mezcle en un cuenco 125 g de aceitunas negras sin hueso troceadas, la piel de ½ limón rallada 1 cucharada de perejil troceado y salpimiente. Haga el puré de calabaza como se indica en la receta y sírvalo coronado con la salsa de olivas.

sopa de ajo, pimentón y huevo

4 raciones
tiempo de preparación
10 minutos
tiempo de cocción **20 minutos**

4 cucharadas de **aceite de oliva**
12 rebanadas gruesas
  de **baguette**
5 **dientes de ajo**, cortados
  en rodajas
1 **cebolla**, finamente troceada
1 cucharada de **pimentón**
1 cucharadita de **comino molido**
1 buena pizca de **hilos
  de azafrán**
1,2 l de **caldo vegetal** (*véase*
  más abajo para caldo vegetal
  casero)
25 g de **pasta seca para sopa**
4 **huevos**
sal y **pimienta negra**

Caliente el aceite en una cazuela de fondo pesado, añada las rebanadas de pan y fríalas a fuego lento, volviéndolas una vez, hasta que estén doradas por ambas caras. Retírelas de la cazuela con una espumadera y déjelas escurrir sobre papel de cocina.

Añada el ajo, el pimentón y el comino a la cazuela y cocínelos a fuego lento, removiendo, durante 3 minutos. Añada el azafrán y el caldo y llévelo hasta el hervor. Añada la pasta de sopa y remueva. Reduzca el fuego, tape la cazuela y deje que hierva lentamente durante unos 8 minutos, o justo hasta que la pasta se ponga tierna. Salpimiente al gusto.

Rompa los huevos sobre un platillo y deslícelos, uno a uno, al interior de la cazuela. Deje que se hagan durante unos 2 minutos, o hasta que se escalfen.

Apile 3 rebanadas de pan frito en cada uno de los cuatro boles de sopa calentados. Vierta con un cucharón la sopa sobre el pan, asegurándose de que cada servicio contiene un huevo, y sirva inmediatamente.

Para preparar el caldo vegetal casero, ponga en una olla grande 625 g de hortalizas mixtas troceadas, tales como zanahorias, puerros, apio, cebollas y champiñones, 1 diente de ajo pelado pero entero, 8 granos de pimienta negra, 1 ramillete de hierbas aromáticas y 1,5 l de agua fría. Haga que hierva y, entonces, reduzca el fuego y déjelo hervir lentamente, sin tapar, durante 30 minutos, retirando con una espumadera cualquier espuma que aflore a la superficie. Pase el caldo a través de un colador fino y deje que se enfríe por completo antes de guardarlo en el frigorífico. Debería salir en torno a 1,2 l de caldo.

sopa de pollo con fideos

4 raciones
tiempo de preparación
10 minutos
tiempo de cocción **40 minutos**

2 **cuartos de pollo**, unos 750 g
en total
1 **cebolla**, cortada en trozos
4 **dientes de ajo**, troceados
3 rodajas de **raíz de jengibre**
fresca, peladas y machacadas
2 l de **agua fría**
125 g de **fideos finos de huevo**
secos
2 cucharadas de **salsa de soja**
clara
1 **guindilla de ojo de pájaro**,
sin semillas y cortada
en rodajas
2 **cebolletas verdes**, cortadas
en rodajas
hojas de cilantro
sal y **pimienta negra**

Ponga en una olla los cuartos de pollo, la cebolla, el ajo,
el jengibre, la medida de agua y salpimiente al gusto. Póngala
sobre fuego rápido hasta que hierva y, entonces, reduzca
el fuego y deje que se haga lentamente durante 30 minutos,
retirando con una espumadera la capa que aflore a la superficie.

Retire el pollo de la cazuela y cuele el caldo. Déjelo enfriar y,
mientras tanto, pele el pollo y corte la carne en trozos muy finos.

Cocine los fideos en agua hirviendo durante 6 minutos.
Escúrralos y repártalos entre 4 boles.

Caliente el caldo en una cazuela junto con la salsa de soja.
Añada el pollo y deje que hierva a fuego lento durante 5 minutos.

Vierta, con un cucharón, el caldo y el pollo sobre los fideos
y esparza por encima la guindilla, las rodajas de cebolla
verde y las hojas de cilantro. Sírvalo inmediatamente.

Para preparar sopa tailandesa de pollo y fideos,
cocine los cuartos de pollo con los demás ingredientes,
añadiendo 6 hojas grandes de lima kaffir. Saque el pollo
y cuele el caldo. Cuando se haya enfriado, pele el pollo y
córtelo muy finamente como se indica en la receta. Caliente
el caldo en una olla con 2 cucharadas de salsa de pescado
tailandesa, el zumo de ½ lima, 2 cucharaditas de azúcar
lustre y 1 guindilla roja de ojo de pájaro sin semillas y cortada
en rodajas. Añada el pollo y deje que hierva durante 5 minutos.
Mientras tanto, ponga 125 g de fideos de arroz secos en
un cuenco a prueba de calor, cúbralos con agua hirviendo,
déjelos reposar hasta que se pongan tiernos y escúrralos.
Vierta el caldo y el pollo sobre los fideos y sírvalos con
rodajas de guindilla, hojas de cilantro y hojas finamente
troceadas de lima kaffir.

gazpacho

4 raciones

tiempo de preparación
10 minutos, más tiempo
de enfriado
tiempo de cocción **25 minutos**

750 g de **tomates** maduros
1 **bulbo de hinojo** grande
300 ml de **agua hirviendo**
  con sal
¾ de cucharadita de **semillas**
  de cilantro
½ cucharadita de **granos**
  de pimienta mixtos
1 cucharada de **aceite de oliva**
  virgen extra
1 **diente de ajo**, machacado
1 **cebolla** pequeña, troceada
1 cucharada de **vinagre**
  balsámico
1 cucharada de **zumo de limón**
¾ de cucharadita de **orégano**
  troceado, más algunas hojas
  extra para guarnecer
1 cucharadita de **puré de tomate**
1 cucharadita rebosante de **sal**
  de roca
olivas verdes, cortadas en
  rodajas finas, para adornar

Ponga los tomates en una olla grande o en un cuenco a prueba de calor y cubra con agua hirviendo. Déjelos reposar durante 1 minuto. Escúrralos, pélelos y trocéelos toscamente.

Recorte las hojas del hinojo y deséchelas. Corte el bulbo en rodajas finas, póngalo en una cazuela y vierta encima la medida de agua salada hirviendo. Tápelo y deje que hierva a fuego lento durante 10 minutos.

Mientras tanto, machaque las semillas de cilantro y los granos de pimienta en un almirez con la mano de mortero. Caliente el aceite en una cazuela grande, añada las especias machacadas, el ajo y la cebolla y fríalos a fuego lento durante 5 minutos.

Añada el vinagre, el zumo de limón, los tomates y el orégano troceado a la mezcla de la cebolla. Remueva bien y, después, añada el hinojo y el agua de su cocción, el puré de tomate y la sal. Llévelo a ebullición y deje que se haga a fuego lento, sin tapar, durante 10 minutos.

Trasládelo a un robot de cocina y bátalo hasta obtener la consistencia deseada. Déjelo enfriar y guárdelo en el frigorífico toda la noche. Sírvalo guarnecido con las hojas de orégano y las rodajas de aceituna.

Para preparar gazpacho de tomates al horno, ponga 750 g de tomates cortados por la mitad en una fuente de asar con 2 cucharadas de aceite de oliva virgen extra y salpimiente. Áselos en un horno precalentado a 200 °C (marca de gas 6) durante 25 minutos o hasta que estén bien hechos. Déjelos enfriar y, después, como se indica en la receta, bátalos con los demás ingredientes sustituyendo el orégano por 1 cucharada de albahaca fresca troceada. Póngalo en el frigorífico durante 1 hora antes de servir.

puré de guisantes, lechuga y limón

4 raciones
tiempo de preparación
10 minutos
tiempo de cocción **20 minutos**

25 g de **mantequilla**
1 **cebolla** grande, finamente
   troceada
425 g de **guisantes congelados**
2 **lechugas** «cogollo»,
   toscamente troceadas
1 l de **caldo vegetal** o de **pollo**
   (*véase* págs. 58 y 44 para
   caldos vegetal y de pollo
   caseros)
la **piel** rallada y el **zumo**
   de ½ limón
sal y **pimienta negra**

para los **picatostes de sésamo**
2 rebanadas gruesas de **pan**
   multicereal, cortadas en cubos
1 cucharada de **aceite de oliva**
1 cucharada de **semillas**
   de sésamo

Para preparar los picatostes, unte de aceite los cubos de pan y extiéndalos en una bandeja de asar. Rocíelos con las semillas de sésamo y póngalos a asar en un horno precalentado a 200 °C (marca de gas 6) durante 10 a 15 minutos o hasta que estén dorados.

Mientras tanto, derrita la mantequilla en una sopera grande, añada la cebolla y cocínela durante 5 minutos, o hasta que se ablande ligeramente. Añada los guisantes, la lechuga, el caldo, la piel rallada y el zumo de limón, y salpimiente al gusto. Espere a que hierva y, entonces, reduzca el fuego, tape la sopera y déjela hervir lentamente entre 10 y 15 minutos.

Deje que la sopa se enfríe ligeramente y, después, póngala en un robot de cocina o una batidora y bátala hasta que se convierta en un puré liso y uniformemente mezclado. Vuelva a verterlo en la sopera, rectifique el condimento si es necesario y caliente a fuego lento. Repártalo con un cucharón entre unos boles calentados y añádale los picatostes.

Para preparar picatostes de requesón y menta, en lugar de picatostes de sésamo, corte 8 rebanadas finas de baguette y tuéstelas ligeramente bajo un grill medio precalentado durante 2 minutos por cada cara, hasta que se doren. Frote cada cara con un diente de ajo pelado y rocíe sobre ellas una cucharada de aceite de oliva virgen extra. Extienda por encima requesón y ponga 2 en cada ración de sopa o puré. Esparza por encima 2 cucharadas de hojas de menta finamente troceadas, salpimiente y rocíe de nuevo con un poco más de aceite.

puré de judías con guindillas y pimientos rojos

6 raciones

tiempo de preparación
20 minutos

tiempo de cocción **40 minutos**

2 cucharadas de **aceite de girasol**

1 **cebolla** grande, finamente troceada

4 **dientes de ajo**, finamente troceados

2 **pimientos rojos**, sin corazón ni semillas y cortados en cuadrados

2 **guindillas rojas**, sin semillas y finamente troceadas

900 ml de **caldo vegetal** (*véase* pág. 58 para caldo vegetal casero)

750 ml de **zumo de tomate** o *passata*

2 cucharadas de **salsa de chile dulce**, o más, al gusto

una lata de 400 g de **judías rojas**, escurridas

2 cucharadas de **cilantro fresco**, finamente troceado

sal y **pimienta negra**

la **piel** de 1 **lima**, cortada en tiras, para adornar (opcional)

para **servir**

75 ml de **nata agria** o **crema fresca**

chips de tortilla de harina

Caliente el aceite en una sopera grande, añada la cebolla y el ajo y fríalos a fuego lento durante 5 minutos, o hasta que estén blandos pero sin dorar. Añada los pimientos rojos y las guindillas, remueva y siga friendo durante unos pocos minutos. Agregue el caldo y el zumo de tomate o *passata*, la salsa de chile, las judías, el cilantro y salpimiente al gusto, y remueva bien. Hágalo hervir y, entonces, reduzca el fuego, tape la sopera y deje que hierva lentamente durante 30 minutos.

Deje que se enfríe ligeramente y, después, traslade el contenido a un robot de cocina o una batidora y bátalo hasta que se convierta en un puré bien mezclado. Viértalo de nuevo en la sopera y ajuste el condimento, añadiendo un poco más de salsa de chile si es preciso. Vuelva a calentarlo a fuego lento.

Viértalo, con un cucharón, en los boles de sopa calentados. Añada a cada ración la nata agria o crema fresca y esparza por encima algunas tiras de piel de lima, si lo desea. Sírvalo con *chips* de tortilla de harina.

Para preparar *chips* de tortilla de harina crujientes, para servir con el puré, corte 2 tortillas de harina en 12 gajos cada una. Rocíelos con aceite de oliva en espray y condiméntelos con sal y pimienta negra, y un poco de pimienta cayena. Póngalos en una parrilla de grill con la cara condimentada hacia arriba y tuéstelos bajo un grill medio precalentado durante 1 o 2 minutos, hasta que estén crujientes.

cenas de 20 minutos

chuletas de cerdo con peras confitadas

4 raciones
tiempo de preparación **5 minutos**
tiempo de cocción **15-20
minutos**

2 **peras William**, descorazonadas
   y cortadas en gajos gruesos
2 cucharadas de **azúcar moreno
   claro**
4 **chuletas de cerdo** de unos
   250 g cada una
50 g de **mantequilla sin sal**
12 **hojas de salvia** grandes
250 ml de **caldo de pollo**
   caliente (*véase* pág. 44
   para caldo de pollo casero)
sal y **pimienta negra**

Restriegue los gajos de pera en el azúcar y póngalos
a un lado. Salpimiente las chuletas de cerdo.

Derrita la mitad de la mantequilla en una sartén, añada
las hojas de salvia y cocínelas a fuego rápido durante unos
3 minutos, hasta que estén crujientes. Retírelas de la sartén
con una espumadera y póngalas a un lado.

Añada las chuletas a la sartén y fríalas a fuego medio durante
3 o 4 minutos por cada cara o hasta que se doren. Retírelas
de la sartén, cúbralas holgadamente con papel aluminio
y manténgalas calientes.

Derrita el resto de la mantequilla en la sartén, añada los gajos
de pera y cocínelos durante 2 minutos, hasta que se doren.
Sáquelos de la sartén con una espumadera y póngalos aparte
con las chuletas.

Vierta el caldo en la sartén y deje que hierva lentamente durante
2 o 3 minutos, o hasta que se reduzca y espese ligeramente.
Sirva las chuletas y los gajos de pera con la salsa, guarnecidos
con la salvia crujiente.

Para preparar judías verdes con ajo y limón, para servirlos
como acompañamiento de este plato, escalde 375 g de
judías verdes francesas en una cazuela con agua salada
hirviendo durante 2 minutos. Escúrralas y enfríelas bajo
el chorro de agua fría. Vuelva a escurrirlas y séquelas por
encima con un paño de cocina. Caliente 2 cucharadas
de aceite de oliva virgen extra en una sartén grande, añada
2 dientes de ajo cortados en rodajas y fríalos a fuego lento,
removiendo, durante 3 minutos, hasta que se ablanden.
Añada las judías y un chorrito de zumo de limón y salpimiente
al gusto. Remueva bien.

paquetes de pollo orientales

4 raciones
tiempo de preparación **5 minutos**
tiempo de cocción **15 minutos**

4 **filetes de pechuga de pollo**
  sin piel, de unos 250 g
  cada uno
75 ml de **salsa de soja clara**
1 cucharada de **miel clara**
2 **guindillas rojas**, despojadas
  de semillas y finamente
  troceadas
un pedazo de **raíz de jengibre**
  fresca de 2,5 cm, pelado
  y finamente rallado
4 **estrellas de anís**
3 piezas de **pak choi tiernas**,
  cortadas en cuartos

Haga varias hendiduras en las pechugas de pollo y, después, colóquelas cada una sobre un cuadrado de papel aluminio de 30 cm de lado.

Mezcle la salsa de soja, la miel, el ajo, las guindillas, el jengibre y el anís de estrella en un cuenco pequeño y vierta la mezcla sobre el pollo con una cuchara.

Disponga 3 cuartos de *pak choi* encima de cada pechuga de pollo. Cierre el papel aluminio para formar paquetes, trasládelos a una bandeja de horno y áselos en un horno precalentado a 200 °C (marca de gas 6), durante 15 minutos, hasta que estén bien hechos por dentro.

Déjelos reposar durante 5 minutos y sírvalos con arroz de jazmín hervido.

Para preparar paquetes de pollo mediterráneos, haga varias hendiduras en los filetes como se indica en la receta, colóquelos en los cuadrados de papel aluminio y salpimiéntelos. Corónelos con 2 cucharaditas de orégano seco, 2 tomates troceados, 50 g de aceitunas negras sin hueso troceadas, 2 cucharadas de alcaparras en salmuera escurridas y un buen chorro de aceite de oliva virgen extra. Áselos en el horno, como se indica en la receta, y sírvalos con una ensalada de hojas mixtas y un poco de pan crujiente.

sofrito de hortalizas y tofu

4 raciones
tiempo de preparación
10 minutos
tiempo de cocción **7 minutos**

3 cucharadas de **aceite
de girasol**
300 g de **tofu firme**, cortado
en cubos
1 **cebolla**, cortada en rodajas
2 **zanahorias**, cortadas
en rodajas
150 g de **brécol**, cortado
en pequeños ramilletes
y los tallos en rodajas
1 **pimiento rojo**, sin corazón
ni semillas y cortado en tiras
1 **calabacín** grande, cortado
en rodajas
150 g de **guisantes** *sugar snap*
2 cucharadas de **salsa de soja**
2 cucharadas de **salsa de chile
dulce**
125 ml de **agua**

para la **guarnición**
guindillas rojas troceadas
hojas de albahaca tailandesa
o **normal**

Caliente 1 cucharada del aceite en un wok o una sartén grande, hasta que empiece a humear. Añada el tofu y sofríalo a fuego rápido durante 3 minutos, hasta que se dore. Retírelo de la sartén con una espumadera.

Caliente el resto del aceite en la sartén, añada la cebolla y las zanahorias y sofríalas durante 1,5 minutos. Agregue el brécol y el pimiento rojo y sofríalos durante 1 minuto. Entonces añada el calabacín y los guisantes *sugar snap* y sofríalos durante 1 minuto.

Mezcle las salsas de soja y chile dulce y la medida de agua y añada la mezcla a la sartén con el tofu. Deje que hiervan durante 1 minuto. Sírvalo en boles con las guindillas rojas troceadas y las hojas de albahaca como guarnición.

Para preparar los fideos al sésamo para acompañar este plato, ponga 375 g de fideos finos de huevo en un cuenco grande a prueba de calor, vierta encima suficiente agua hirviendo como para cubrirlos y déjelos reposar durante 4 minutos, justo hasta que se pongan tiernos. Escúrralos bien y, después, añada 1 cucharada de salsa de soja clara y 2 cucharaditas de aceite de sésamo y remuévalos bien. Sírvalos rociados con 1 cucharada de semillas de sésamo tostadas.

ensalada de atún oriental

4 raciones
tiempo de preparación
10 minutos
tiempo de cocción **1 minuto**

375 g de **atún fresco**
3 cucharadas de **salsa de soja**
1 cucharadita de **pasta
de** *wasabi*
1 cucharada de **sake** o de **vino
blanco seco**
200 g de **hojas de ensalada
mixtas**
150 g de **tomates amarillos
pequeños**, cortados por
la mitad
1 **pepino**, cortado a lo largo
en rodajas muy finas

para la **salsa**
2 cucharadas de **salsa de soja**
1 cucharada de **zumo de lima**
1 cucharadita de **azúcar moreno**
2 cucharaditas de **aceite
de sésamo**

Mezcle en un cuenco el atún con la salsa de soja, la pasta de *wasabi* y el sake o vino. Tápelo y déjelo marinar durante 10 minutos.

Disponga las hojas de ensalada, los tomates y el pepino en platos para servir.

Para preparar la salsa, ponga todos los ingredientes en un bol y bátalos juntos con un tenedor o póngalos en un tarro con tapa de rosca y agítelos hasta que se mezclen.

Caliente una sartén antiadherente seca sobre fuego rápido, añada el atún y cocínelo durante unos 10 segundos por cada lado o hasta que se chamusque levemente por fuera. Coloque el atún encima de la ensalada, rocíelo bien con la salsa y sírvalo.

Para preparar ensalada de atún tailandesa, deje el filete de atún entero sin marinar. Ponga en el fuego una plancha acanalada hasta que esté muy caliente, añada el atún y cocínelo a fuego rápido durante 30 segundos por cada cara. Retírelo de la plancha y déjelo reposar brevemente. Mientras tanto, bata juntos en un bol 1 cucharada de salsa de pescado tailandesa, 1 cucharada de zumo de lima y 2 cucharaditas de azúcar lustre, y añada 1 guindilla roja cortada en rodajas finas y 1 diente de ajo machacado. Corte el atún en finas bandas y póngalas encima de las hojas de ensalada, tomates y pepino en platos de servir, tal como se indica en la receta. Esparza por encima la salsa y sírvalo.

curry de pollo tailandés

4 raciones
tiempo de preparación
5 minutos
tiempo de cocción **15 minutos**

1 cucharada de **aceite de girasol**
1 cucharada de **pasta verde
de curry tailandesa** (*véase
más abajo para su elaboración
casera*)
6 **hojas de lima kaffir,**
desmenuzadas
2 cucharadas de **salsa
de pescado tailandesa**
1 cucharada de **azúcar moreno
claro**
200 ml de **caldo de pollo**
una lata de 400 ml de **leche
de coco**
500 g de **filetes de muslo
de pollo sin piel**, cortados
en dados
125 g de **brotes de bambú**
en lata, escurridos
125 g de **maíz dulce tierno**
1 puñado grande de **hojas
de albahaca tailandesa**
u **hojas de cilantro fresco**,
más algo extra para adornar
1 cucharada de **zumo de lima**
1 **guindilla roja**, cortada
en rodajas, para adornar

Caliente el aceite en un wok o una sartén grande, añada
la pasta de curry y las hojas de lima y sofríalas a fuego lento
durante 1 o 2 minutos, hasta que desprendan aroma.

Añada la salsa de pescado, el azúcar, el caldo y la leche
de coco y haga que hierva. Entonces, reduzca el fuego
y deje que hierva lentamente durante 5 minutos.

Añada el pollo y cocínelo durante 5 minutos. Añada los brotes
de bambú y el maíz dulce y cocine durante 3 minutos más.

Añada las hojas de albahaca o cilantro y el zumo de lima,
remueva y sírvalo con las hojas de lima y la guindilla como
guarnición.

Para preparar pasta verde de curry tailandesa,
ponga en un robot de cocina o una batidora 15 guindillas
verdes pequeñas, 4 dientes de ajo cortados por la mitad,
2 tallos de melisa finamente troceados, 2 hojas de lima
kaffir desmenuzadas, 2 chalotas troceadas, un pedazo
de 2,5 cm de raíz de jengibre fresco pelada y cortada en
finas rodajas, 2 cucharaditas de granos de pimienta negra,
1 cucharadita de piel de lima rallada, ½ cucharadita de sal
y 1 cucharada de aceite de cacahuete, y bátalo todo hasta
que se forme una pasta espesa. Traslade ésta a un tarro con
tapa de rosca. Deberían salir unos 150 ml de pasta, que se
puede guardar en el frigorífico hasta 3 semanas.

broqueta de ternera tostada y brécol

4 raciones

tiempo de preparación **5 minutos**

tiempo de cocción **10 minutos**

375 g de **ramilletes de brécol**

500 g de **solomillo de vaca**

75 ml de **aceite de oliva virgen extra**

4 rebanadas de **pan de masa fermentada**

2 **dientes de ajo**, cortados en rodajas

1 **guindilla roja** pequeña, despojada de semillas y finamente cortada

1 cucharada de **vinagre balsámico**

125 g de **hojas de roqueta tiernas**

sal y **pimienta negra**

Escalde el brécol durante 2 minutos en una cazuela con agua hirviendo ligeramente salada. Escúrralo bien y enfríelo bajo el grifo. Vuelva a escurrirlo, séquelo por encima con un paño de cocina y póngalo a un lado.

Unte el solomillo con 1 cucharada del aceite y salpiméntelo.

Caliente una plancha, añada el solomillo y cocínelo a fuego rápido durante 2 minutos por cada lado. Retírelo del fuego, déjelo reposar durante 5 minutos y córtelo en lonchas gruesas.

Mientras la carne reposa, vuelva a calentar la plancha, ponga en ella las rebanadas de pan y tuéstelas durante 2 minutos por cada cara, hasta que estén ligeramente chamuscadas.

Caliente el resto del aceite en un wok o una sartén grande, añada el ajo y la guindilla y sofríalos durante 1 minuto. Agregue el brécol y sofría durante 1 minuto más. Incorpore el vinagre, remueva y retire la sartén del fuego. Mezcle el contenido con la carne y la roqueta en un cuenco grande.

Disponga el pan, ponga encima la ensalada de carne y sírvalo.

Para preparar broqueta de ternera con salsa de rábano picante, prepare y cocine la carne como se indica en la receta. Mientras la carne reposa, chamusque ligeramente el pan como se indica en la receta. Mezcle las lonchas de carne con 125 g de hojas de berro frescas en un cuenco grande. Disponga el pan y ponga encima la carne y los berros. Bata juntas 2 cucharadas de de nata agria, 2 cucharaditas de salsa de rábano picante, 1 cucharadita de vinagre de vino blanco y salpimiente. Esparza la mezcla sobre la broqueta y sírvala.

salmón a la soja y naranja con fideos

4 raciones
tiempo de preparación **5 minutos**
tiempo de cocción **15 minutos**

4 **filetes de salmón sin piel,**
de unos 175 g cada uno
aceite de oliva en espray,
para untar
250 g de **fideos de** *soba*
(alforfón) **secos**
4 cucharadas de **salsa de soja**
oscura
2 cucharadas de **zumo**
de naranja
2 cucharadas de *mirin*
(aderezo de vino de arroz)
2 cucharaditas de **aceite**
de sésamo
2 cucharadas de **semillas**
de sésamo

Limpie los filetes de salmón y póngalos en un cuenco.

Ponga al fuego una sartén de fondo pesado hasta que esté
bien caliente y embadúrnela ligeramente con aceite en espray.
Añada el salmón y cocínelo durante 3 o 4 minutos, hasta
que se dore. Retírelo de la sartén, envuélvalo holgadamente
en papel de aluminio y déjelo reposar durante 5 minutos.

Mientras tanto, sumerja los fideos en una cazuela grande
con agua hirviendo. En cuanto vuelva a hervir, cocínelos durante
unos 5 minutos, o hasta que se pongan tiernos. Escúrralos
bien, añada el aceite y las semillas de sésamo y remueva.

Mientras se cocinan los fideos, mezcle la salsa de soja,
el zumo de naranja y el *mirin*. Vierta la mezcla en la sartén,
espere a que hierva y, entonces, reduzca el fuego y deje
que se cocine lentamente durante 1 minuto.

Reparta los fideos entre cuatro boles de servir y corone cada
uno con el salmón y la salsa. Sírvalos con guisantes *sugar snap*
cocidos al vapor.

Para preparar paquetes de salmón a la naranja y soja,
coloque cada filete de salmón sobre un cuadrado de papel
de aluminio de 30 cm de lado; doble los bordes de éste hacia
arriba para formar unos recipientes y añada la salsa de soja,
el zumo de naranja y el mirin como se indica en la receta,
junto con 2 cebollas verdes cortadas en rodajas, 2 dientes de
ajo cortados en rodajas y 2 cucharaditas de raíz de jengibre
fresca rallada. Cierre los bordes del papel de aluminio para
formar unos paquetes, trasládelos a una bandeja de asar, ponga
ésta en un horno precalentado a 200 °C (marca de gas 6) y
deje que se hagan durante 15 minutos. Saque la bandeja, déjela
reposar unos minutos y sirva los paquetes con arroz al vapor.

cordero con salsa de olivas y piñones

4 raciones
tiempo de preparación
10 minutos
tiempo de cocción **9 minutos**

4 **filetes de lomo de cordero**,
de unos 200 g cada uno
1 cucharada de **aceite de oliva
virgen extra**
4 cucharaditas de **orégano seco**

para la **salsa de olivas y piñones**
3 cucharadas de **aceite de oliva
virgen extra**
25 g de **piñones**, tostados
125 g de **aceitunas negras sin
hueso**, cortadas por la mitad
2 cucharadas de **alcaparras
en salmuera**, escurridas
2 cucharadas de **perejil**, troceado
1 cucharada de **zumo de limón**
sal y **pimienta negra**
hojas de roqueta, para adornar

Para preparar la salsa, caliente 1 cucharada del aceite en una sartén pequeña, añada los piñones y cocínelos a fuego lento durante 30 segundos, hasta que se doren. Deje que se enfríen.

Mezcle en un bol los piñones fríos con las olivas, las alcaparras, el perejil, el zumo de limón y el resto del aceite y salpimiente.

Unte los filetes con el aceite y condiméntelos con el orégano, sal y pimienta. Ponga en el fuego una plancha acanalada hasta que esté bien caliente, añada los filetes y cocínelos durante 4 minutos por cada cara.

Retire los filetes de la plancha, envuélvalos holgadamente en papel de aluminio y déjelos reposar durante 5 minutos. Sírvalos con la salsa.

Para preparar filetes de cordero con ensalada de tomate, menta y queso feta, cocine la carne como se indica en la receta. Mientras tanto, mezcle en un cuenco 4 tomates cortados en dados, 1 diente de ajo machacado, 125 g de queso feta desmenuzado, 50 g de aceitunas negras sin hueso, 2 cucharadas de hojas de menta troceadas, 2 cucharadas de aceite de oliva virgen extra, 2 cucharaditas de vinagre balsámico y salpimiente. Remueva bien la ensalada y sírvala con el cordero.

tacos de pollo y hummus

4 raciones
tiempo de preparación **5 minutos**
tiempo de cocción **10 minutos**

6 **filetes de muslo de pollo
sin piel**, unos 500 g en total
2 cucharadas de **aceite de oliva
virgen extra**
la **piel** rallada y el **zumo**
de 1 **limón**
1 **diente de ajo**, machacado
1 cucharadita de **comino molido**
4 **tortillas de harina**
200 g de **hojas de roqueta
silvestre**
1 puñado de **hojas de perejil**
sal y **pimienta negra**

Corte los muslos de pollo en cuartos y póngalos en un cuenco. Mezcle el aceite, la piel rallada de limón, el ajo, el comino y salpimiente al gusto, añada el pollo y remueva bien.

Ponga en el fuego una plancha hasta que esté bien caliente. Ensarte los trozos de pollo en una broqueta de metal, póngala sobre la plancha y cocínela durante 4 o 5 minutos por cada lado. Retírela y déjela reposar durante 5 minutos.

Mientras tanto, caliente las tortillas de harina en un horno precalentado a 150 °C (marca de gas 2) durante 5 minutos.

Retire el pollo de las broquetas. Reparta el hummus, las hojas de roqueta, el perejil y el pollo entre las tortillas. Vierta encima de ellas zumo de limón, enróllelas y sírvalas.

Para preparar un hummus casero fácil, ponga en un robot de cocina o una batidora 400 g de garbanzos de lata, escurridos, 1 diente de ajo machacado, 3 cucharadas de aceite de oliva virgen extra, 1 cucharada de zumo de limón, salpimiente, y bátalo todo hasta que quede uniformemente mezclado.

sofrito de cerdo con salsa *hoisin*

2 raciones
tiempo de preparación **8 minutos**
tiempo de cocción **6-8 minutos**

1 cucharada de **salsa hoisin**
1 cucharada de **salsa de soja clara**
1 cucharada de **vinagre de vino blanco**
1 cucharada de **aceite vegetal**
2 **dientes de ajo**, cortados en rodajas
1 cucharadita de **raíz de jengibre fresca**, rallada
1 **guindilla roja** pequeña, sin semillas y cortada en rodajas
250 g de **lomo de cerdo**, cortado en lonchas delgadas
175 g de **guisantes** *sugar snap*
175 g de **ramilletes de brécol**
2 cucharadas de **agua**

Mezcle las salsas *hoisin* y de soja y el vinagre en un bol y póngalo a un lado.

Caliente el aceite en un wok o una sartén grande hasta que empiece a humear, añada el ajo, el jengibre y la guindilla y sofríalos a fuego rápido durante 10 segundos. Agregue las lonchas de lomo y sofríalas durante 2 o 3 minutos, hasta que se doren. Retírelas con una espumadera.

Añada a la sartén los guisantes *sugar snap* y los ramilletes de brécol y sofríalos durante 1 minuto. Incorpore la medida de agua y cocínelos durante 1 minuto más.

Vuelva a poner el lomo en la sartén, añada la mezcla de salsas y cocínelo durante 1 minuto, hasta que las hortalizas estén hechas. Sírvalo con arroz hervido al vapor.

Para preparar cerdo asado con salsa *hoisin*, haga la mezcla de salsas como se indica en la receta. En una bandeja de asar, unte con la salsa 4 piezas de lomo de cerdo de unos 175 g cada una y póngalos a asar en un horno precalentado a 200 °C (marca de gas 6) durante 15 minutos. Déjelo reposar durante 5 minutos y, después, sírvalo con verduras al vapor y arroz hervido.

hamburguesas de atún y pesto

4 raciones
tiempo de preparación
5 minutos
tiempo de cocción **4-6 minutos**

4 **panecillos de chapata**
4 **filetes frescos de atún**,
de unos 175 g cada uno
1 cucharada de **aceite de oliva
virgen extra**, más algo
de sobra para rociar
1 **limón**, cortado por la mitad
2 **tomates**, cortados en rodajas
4 cucharadas de **pesto
de albahaca**
50 g de **hojas de ensalada
mixtas**
sal y **pimienta negra**

Ponga en el fuego una plancha hasta que esté bien caliente. Corte los panecillos por la mitad, póngalos en la plancha y tuéstelos durante 1 o 2 minutos por cada cara, hasta que estén ligeramente chamuscados. Páselos a platos para servir.

Unte ligeramente los filetes de atún con aceite y salpiméntelos. Póngalos en la plancha y cocínelos durante 1 minuto por cada lado.

Traslade cada filete a la mitad inferior de cada panecillo y exprima por encima el zumo del limón. Reparta las rodajas de tomate, el pesto y las hojas de ensalada entre las 4 bases de panecillo y riéguelas con un poco de aceite extra. Vuelva a poner las mitades superiores de panecillo encima y sírvalos inmediatamente.

Para preparar hamburguesas de pollo y guindilla dulce, corte por la mitad y chamusque ligeramente los panecillos en una plancha acanalada, como se indica en la receta. Corte 2 filetes grandes de pechuga de pollo sin piel en dos en sentido horizontal, para tener 4 filetes más delgados. Unte el pollo con 1 cucharada de de aceite de oliva virgen extra y salpiméntelo. Póngalo en la plancha caliente y cocínelo durante 3 minutos por cada lado. Ponga cada filete de pollo a una mitad de panecillo y añada 1 cucharada de salsa de chile dulce y un pequeño puñado de hojas de ensalada mixtas.

mejillones con sidra

2 raciones
tiempo de preparación
10 minutos
tiempo de cocción **9 minutos**

1,5 kg de **mejillones de cría**
pequeños
2 **dientes de ajo**, cortados
en rodajas
150 ml de **sidra seca**
100 g de **nata espesa**
2 cucharadas de **perejil** troceado
sal y **pimienta negra**

Lave muy bien los mejillones y póngalos en una sopera grande con el ajo y la sidra. Cuando empiece a hervir, tape la sopera y deje que se haga a fuego medio durante 4 o 5 minutos, hasta que se hayan abierto. Deseche aquellos que continúen cerrados después de la cocción.

Escurra los mejillones en un escurridor y póngalos en un cuenco grande, tape éste con papel de aluminio y póngalo en un horno a fuego mínimo para que se mantenga caliente.

Vierta el caldo resultante de la cocción, a través de un colador fino, en una sopera limpia y haga que hierva. Mezcle bien con él la nata y déjelo hervir a fuego lento durante 3 o 4 minutos, o hasta que se haya espesado ligeramente. Salpimiente.

Vierta esta salsa sobre los mejillones, esparza por encima el perejil y sírvalos inmediatamente con abundante pan de baguette para mojar la salsa.

Para preparar mejillones con sabores orientales, lave muy bien los mejillones y póngalos en una sopera grande con 2 dientes de ajo cortados en rodajas, 2 cucharaditas de raíz de jengibre fresca rallada, 4 cebollas verdes cortadas en rodajas y 1 guindilla roja cortada en rodajas. Añada un pequeño chorro de agua y cocínelos como se indica en la receta. Escurra el caldo, a través de un colador fino, en una sopera limpia. Mezcle con él 100 g de crema de coco y caliéntelo bien. Viértalo sobre los mejillones y sírvalos con cilantro fresco troceado.

filetes de cerdo con mostaza y estragón

4 raciones
tiempo de preparación **5 minutos**
tiempo de cocción
   10-12 minutos

8 **filetes de cerdo**, de unos
   100 g cada uno
15 g de **mantequilla**
1 cucharada de **aceite de oliva
   virgen extra**
150 ml de **caldo de pollo**
120 ml de **nata espesa**
4 cucharaditas de **mostaza
   de grano entero**
1 cucharada de **estragón fresco**
   troceado
sal y **pimienta negra**

Salpimiente los filetes por ambas caras.

Caliente juntos la mantequilla y el aceite en una sartén
grande y, tan pronto como la mantequilla deje de espumar,
añada los filetes. Cocínelos a fuego medio durante 3 o 4 minutos
por cada cara, hasta que se doren. Retírelos de la sartén
y envuélvalos holgadamente en papel de aluminio. Déjelos
reposar durante 5 minutos.

Vierta el caldo a la sartén y deje que hierva a fuego lento
durante 3 minutos. Entonces, añada la nata y la mostaza, mezcle
bien y deje que hierva lentamente durante 1 o 2 minutos más.
Añada el estragón y retire la sartén del fuego.

Disponga los filetes en platos, vierta encima la salsa y sírvalos
con algunas verduras al vapor, si lo desea.

Para preparar pollo con mostaza y miel, mezcle
1 cucharada de mostaza de grano entero, 1 cucharada
de miel clara y un poco de sal y pimienta. Unte esta
mezcla en 4 filetes de pechuga de pollo sin piel y póngalos
a asar en un horno precalentado a 200 °C (marca de gas 6)
durante 15 minutos. Sírvalos con judías verdes.

baguettes tailandesas de ternera con guindilla

4 raciones
tiempo de preparación **5 minutos**
tiempo de cocción **4 minutos**

500 g de **filete de solomillo grueso**, recortada la grasa
1 cucharada de **aceite de oliva**
4 **panecillos ovalados**
4 **ramitas de cilantro fresco**
4 **ramitas de albahaca tailandesa** o **común**
4 **ramitas de menta**

para la **salsa**
2 cucharadas de **salsa de pescado tailandesa**
2 cucharadas de **zumo de lima**
2 cucharadas de **azúcar moreno claro**
1 **guindilla roja** grande, cortada en finas rodajas
sal y **pimienta negra**

Ponga en el fuego una plancha hasta que esté muy caliente. Unte el solomillo con el aceite y salpiméntelo generosamente. Ponga el solomillo en la plancha y cocínelo a fuego rápido durante 2 minutos para cada lado, asegurándose de que está levemente chamuscado por toda su superficie. Déjelo reposar 5 minutos y córtelo en lonchas finas. El solomillo tiene que estar muy poco hecho.

Mientras tanto, haga la salsa. Ponga la salsa de pescado, el zumo de lima y el azúcar en un bol, añada la guindilla y remueva hasta que el azúcar se haya disuelto.

Corte los panecillos por la mitad y llénelos con las hierbas aromáticas, las lonchas de carne y su jugo. Vierta encima la salsa con cuidado y sírvalo.

Para preparar ensalada tailandesa de ternera, cocine, deje reposar y corte en lonchas el solomillo tal como se indica en la receta. Mezcle en un cuenco la carne con 1 pepino libanés cortado en rodajas, 250 g de tomates cherry cortados por la mitad, 100 g de brotes de soja y 1 puñado de hojas de albahaca tailandesa o común, otro de hojas de cilantro fresco y otro de hojas de menta fresca. Mezcle el zumo de ½ limón, 1 cucharadita de aceite de sésamo, 1 cucharadita de azúcar lustre, 2 cucharaditas de salsa de pescado tailandesa y 1 cucharada de aceite de cacahuete. Añada la mezcla a la ensalada, renueva bien hasta que ésta esté uniformemente aderezada y sirva.

pizzas de tortilla de harina con salami

2 raciones
tiempo de preparación **5 minutos**
tiempo de cocción **8-10 minutos**
  por pizza

2 **tortillas de harina** o **bases
  de pizza** grandes
4 cucharadas de **salsa de
  tomate para pasta** comprada
100 g de **lonchas de salami
  con especias**
150 g de **queso mozzarella**,
  cortado en lonchas finas
1 cucharada de **hojas de
  orégano**, más algo extra
  para guarnición
sal y **pimienta negra**

Coloque las tortillas o bases de pizza sobre 2 bandejas de
horno grandes. Cubra cada una de ellas con la salsa de tomate,
extendiéndola bien hasta el borde. Disponga la mitad de las
lonchas de salami y mozzaella, y las hojas de orégano, encima
de cada una.

Póngalas a asar en un horno precalentado a 200 °C (marca
de gas 6) durante 8 o 10 minutos, hasta que el queso se
haya derretido y dorado. Sírvalas con hojas extras de orégano
como guarnición.

**Para preparar quesadillas de salami picante, mozzarella
y tomate**, coloque 1 tortilla de harina o base de pizza
grande sobre la encimera o tabla de cocina. Cúbrala
con 2 cucharadas de salsa de tomate para pasta, 50 g
de lonchas de salami, 75 g de queso mozzarella cortado
en dados y unas pocas hojas de albahaca. Añada una
segunda tortilla o base de pizza encima y presione para
aplanarla. Ponga en el fuego una sartén o plancha acanalada
grande hasta que esté bien caliente, ponga en ella la
quesadilla y cocínela durante 2 o 3 minutos, hasta que
esté tostada. Dele la vuelta y tueste la otra cara. Córtela
en porciones triangulares y sírvala.

langostinos al chile y limón con pasta

2 raciones
tiempo de preparación **5 minutos**,
  más tiempo de marinado
tiempo de cocción, **3 minutos**

3 cucharadas de **aceite de oliva
  virgen extra**, y algo más para
  sofreír
2 **dientes de ajo** grandes,
  machacados
1 **guindilla roja** grande, sin
  semillas y cortada en rodajas
la **piel** rallada y el **zumo**
  de 1 **limón**
375 g de **langostinos crudos
  pelados**
250 g de **spaghetti frescos**
4 **cebollas verdes**, cortadas
  en rodajas
2 cucharadas de **albahaca**
  troceada
sal y **pimienta negra**

Mezcle el aceite, la guindilla, la piel rallada de limón y salpimiente al gusto en un cuenco que no sea de metal. Añada los langostinos y mézclelo todo bien. Tape el cuenco y déjelo marinar en el frigorífico durante 1 hora.

Cocine la pasta en agua salada hirviendo durante unos 3 minutos, hasta que esté *al dente,* y entonces escúrrala.

Mientras tanto, ponga en el fuego un wok o una sartén grande hasta que esté bien caliente y añada un chorrito de aceite. Eche en ella la mezcla de los langostinos y las cebollas verdes y sofría a fuego rápido durante 2 o 3 minutos, hasta que los langostinos estén ligeramente dorados. Añada el zumo de limón y la albahaca y remueva bien.

Sirva los langostinos inmediatamente con la pasta cocinada.

Para preparar langostinos con especias orientales y arroz de jazmín, mezcle el aceite, el ajo y la guindilla, como se indica en la receta, con la piel rallada de 1 lima y 2 cucharaditas de raíz de jengibre fresca rallada. Añada los langostinos y remueva bien. Déjelos marinar como se indica en la receta. Ponga 150 g de arroz de jazmín en una cazuela pequeña, cúbralo con 300 ml de agua fría y añada un poco de sal. Haga que hierva y, entonces, reduzca el fuego, tape bien la cazuela y deje que hierva a fuego muy lento durante 12 minutos. Retire la olla del fuego y déjela reposar durante 10 minutos. Mientras tanto, sofría los langostinos y las cebollas verdes igual que se indica en la receta, pero añada 1 cucharada de salsa de soja clara justo antes de que los langostinos terminen de hacerse. Añada el zumo de la lima y 2 cucharadas de cilantro fresco troceado y remueva bien. Deje que se ablande el arroz y sírvalo con la mezcla de los langostinos.

pasta, arroz y fideos

pasta cremosa con atún y puerros

4 raciones
tiempo de preparación
10 minutos
tiempo de cocción **12 minutos**

400 g de *penne* secos
2 cucharadas de **aceite de oliva virgen extra**
2 **puerros**, cortados en rodajas
2 **dientes de ajo** grandes, cortados en rodajas
2 **latas de 200 g de atún en aceite de oliva**, escurridas
150 ml de **vino blanco seco**
150 ml de **nata espesa**
2 cucharadas de **perejil** troceado
sal y **pimienta negra**

Sumerja la pasta en una sopera grande con agua hirviendo ligeramente salada. Espere a que vuelva a hervir y deje que se haga durante 10 o 12 minutos, hasta que esté *al dente*. Escúrrala bien y vuelva a ponerla en la sopera.

Mientras tanto, caliente el aceite en una sartén, añada los puerros, el ajo, salpimiente y cocínelos a fuego lento durante 5 minutos.

Añada el atún desmenuzado y deje que se haga, removiéndolo, durante 1 minuto. Agregue el vino y, cuando llegue a ebullición, deje que hierva hasta que quede reducido a la mitad. Incorpore la nata, remueva y deje que se caliente bien durante 2 o 3 minutos.

Añada la salsa de atún a los *penne*, con el perejil, y remuévalos sobre un fuego medio durante 1 minuto. Sírvalos inmediatamente con una ensalada de roqueta.

Para preparar pasta con pollo, puerros y roqueta, mientras la pasta se hierve, como se indica en la receta, caliente 4 cucharadas de aceite de oliva virgen extra en una sartén, añada 2 puerros cortados en rodajas, 2 dientes de ajo machacados y 2 guindillas rojas sin las semillas y cortadas en rodajas, y cocínelo a fuego lento durante 5 minutos. Añada 250 g de filetes de pechuga de pollo sin piel, cortados en dados, y cocínelo sobre un fuego entre medio y rápido durante 5 minutos, o hasta que estén dorados y hechos por dentro. Añádalo a la pasta hervida y escurrida junto con 150 g de hojas de roqueta, un chorro de zumo de limón y un poco de aceite extra. Remueva bien y sírvalo inmediatamente.

albóndigas de salchicha con guisantes y pasta

4 raciones

tiempo de preparación
20 minutos

tiempo de cocción **15 minutos**

500 g de **salchichas de vacuno**
  o **cerdo**, sin piel
4 cucharadas de **aceite de oliva
  virgen extra**
2 **dientes de ajo**, cortados
  en rodajas
2 cucharadas de **salvia** troceada
½ cucharadita de **copos
  de guindilla secos**
400 g de **fusilli secos**
250 g de **guisantes
  congelados**, descongelados
sal y **pimienta negra**
queso parmesano recién
  rallado, para servir

Corte la carne de salchicha en pequeños pedazos y haga con ellos albóndigas del tamaño de una nuez.

Caliente el aceite en una sartén grande antiadherente, añada las albóndigas y fríalas a fuego medio, removiendo a menudo, durante 10 minutos, hasta que estén bien hechas por dentro. Retírelas de la sartén con una espumadera.

Mientras tanto, sumerja la pasta en una sopera grande con agua hirviendo ligeramente salada. Espere a que vuelva a hervir y deje que hierva durante 8 minutos. Añada los guisantes y, cuando vuelva a hervir, cueza durante 2 minutos, justo hasta que los guisantes se pongan tiernos y la pasta esté al dente. Escúrralos bien y reserve 4 cucharadas del caldo escurrido.

Ponga en la sartén de las albóndigas el ajo, la salvia, los copos de guindilla, salpimiente, y cocínelo todo a fuego lento durante 2 o 3 minutos, hasta que el ajo esté blando pero no dorado. Vuelva a poner las albóndigas en la sartén.

Vuelva a poner la pasta y los guisantes en la sopera, añada el contenido de la sartén, el caldo reservado, el resto del aceite y caliéntelo todo bien durante 2 minutos. Sírvalo en cuencos con queso parmesano rallado.

Para preparar gambas con chorizo, guisantes y pasta, cocine la pasta y los guisantes como se indica en la receta. Precaliente una sartén, ponga en ella 150 g de chorizo cortado en dados y fríalos durante 3 o 4 minutos, hasta que suelten la grasa. Baje el fuego, añada 350 g de gambas crudas peladas y 2 dientes de ajo machacados y sofría durante 5 minutos, hasta que las gambas estén hechas. Añádaselo a la pasta con guisantes, con 4 cucharadas de menta fresca troceada, el zumo de ½ limón y un chorrito de aceite de oliva. Salpimiente y sirva.

macarrones al queso con chorizo

4 raciones
tiempo de preparación **5 minutos**
tiempo de cocción **30 minutos**

250 g de **macarrones secos**
125 g de **chorizo**, cortado
   en dados
1 **cebolla** pequeña, finamente
   cortada
1 **diente de ajo**, machacado
300 ml de **nata espesa**
150 ml de **caldo de pollo**
   (*véase* pág. 44 para caldo
   de pollo casero)
75 g de **queso cheddar**, rallado
4 cucharadas de **queso
   parmesano** recién rallado
sal y **pimienta negra**

Sumerja la pasta en una sopera con agua hirviendo ligeramente salada. Espere a que vuelva a hervir y deje que hierva a fuego lento durante 10 o 12 minutos, hasta que esté *al dente*. Escúrrala bien y vuelva a ponerla en la sopera.

Mientras, ponga una sartén en el fuego hasta que esté bien caliente, añada el chorizo y cocínelo durante 3 minutos, hasta que se dore y suelte la grasa. Sáquelo de la sartén con una espumadera. Ponga la cebolla y el ajo en la sartén y cocínelos a fuego lento durante 5 minutos, hasta que se ablanden.

Añada los macarrones con el chorizo, la nata, el caldo y un poco de sal y pimienta, y remueva. Caliéntelos a fuego lento, removiendo durante 2 o 4 minutos, hasta que todo esté bien caliente. Agregue el cheddar, retire la sartén del fuego y remueva bien hasta que el queso se haya derretido.

Reparta la mezcla entre 4 fuentes de asar de 300 ml, esparza por encima el parmesano y póngala a asar en un horno precalentado a 190 °C (marca de gas 5) durante 12 o 15 minutos, hasta que borbotee y se dore. Sírvalo con una ensalada de hojas verdes crujientes.

Para preparar pasta al horno con queso y beicon, hierva 200 g de *penne* secos (en lugar de macarrones) hasta que estén *al dente* y fría 125 g de beicon ahumado cortado en cuadrados (en vez de chorizo). Cocine la cebolla y el ajo, como se indica en la receta, y añada los *penne*, la nata y salpimiente, remueva y caliéntelo durante 2 o 3 minutos. Añada 75 g de queso Gruyère rallado, retire la sartén del fuego y remueva hasta que se derrita. Traslade la mezcla a una fuente de asar de 1 l, rocíela con queso parmesano y póngala en un horno precalentado a 190 °C (de gas a 5) durante 25 minutos.

fideos con pollo de Singapur

4 raciones

tiempo de preparación
10 minutos, más tiempo
de marinado

tiempo de cocción **5 o 6 minutos**

350 g de **filetes de muslo
de pollo sin piel**, cortados
en lonchas

2 cucharadas de **salsa de soja
clara**

1 cucharada de **azúcar lustre**

1 cucharadita de **aceite
de sésamo**

2 cucharadas de **salsa de ostras**

2 cucharadas de **vinagre de vino
de arroz**

3 cucharadas de **aceite vegetal**

4 **cebollas verdes**, cortadas
en rodajas gruesas

2 **dientes de ajo**, cortados
en rodajas

1 cucharadita de **raíz
de jengibre fresca** rallada

300 g de **fideos** *hokkein*
frescos

50 g de **brotes de soja**

guindillas rojas cortadas
en rodajas, para adornar

Ponga el pollo en un cuenco. Añada la salsa de soja, el azúcar y el aceite de sésamo y remueva bien. Tápelo y déjelo marinar a temperatura ambiente fresca durante 15 minutos.

Cuele el pollo y reserve la salsa marinada. Añada a ésta la salsa de ostras y el vinagre de vino de arroz y póngala a un lado.

Caliente la mitad del aceite vegetal, en un wok o una sartén grande, hasta que comience a humear. Añada el pollo y sofríalo a fuego rápido durante 2 o 3 minutos, hasta que esté ligeramente dorado. Retírelo de la sartén con una espumadera.

Caliente el resto del aceite en la sartén, agregue las cebollas verdes, el ajo y el jengibre y sofría a fuego rápido durante 1 minuto. Vuelva poner el pollo en la sartén con los fideos y la salsa marinada, y remueva bien durante 2 minutos, hasta que esté bien mezclado y caliente.

Añada los brotes de soja, remueva y sírvalo en boles con rodajas de guindilla roja.

Para preparar pollo oriental a la barbacoa, ponga las lonchas de pollo en un cuenco y añada 2 cucharadas de salsa de soja clara, ½ cucharadita de aceite de sésamo, 1 cucharada de salsa de ostras y 1 cucharada de miel clara. Remueva bien hasta que el pollo esté bien recubierto. Ensarte las lonchas en broquetas de metal y cocinelas bajo un grill fuerte precalentado o en una barbacoa fuerte precalentada durante 4 o 5 minutos por cada lado. Sírvalo con ensalada.

pad thai

2 raciones
tiempo de preparación
   10 minutos
tiempo de cocción **12 minutos**

250 g de **fideos de arroz secos**
1 ½ cucharadas de **salsa
   de soja dulce**
1 ½ cucharadas de **zumo
   de lima**
1 cucharada de **salsa
   de pescado tailandesa**
1 cucharada de **agua**
3 cucharadas de **aceite
   de cacahuete**
2 **dientes de ajo**, cortados
   en rodajas
1 **guindilla roja** pequeña,
   sin semillas y troceada
125 g de **tofu firme**, cortado
   en dados
2 **huevos**, levemente batidos
125 g de **brotes de soja**
1 cucharada de **cilantro fresco**
4 cucharadas de **cacahuetes
   salados**, troceados

Cueza los fideos en agua hirviendo durante 5 minutos, hasta que estén blandos. Escúrralos e, inmediatamente, enfríelos bajo el grifo de agua fría, vuelva a escurrirlos y póngalos a un lado.

Mezcle en un bol la salsa de soja, el zumo de lima, la salsa de pescado y la medida de agua y póngalo a un lado.

Caliente el aceite en un wok o una sartén grande, añada el ajo y la guindilla y sofría a fuego medio durante 30 segundos. Incorpore los fideos y el tofu y sofría durante 2 o 3 minutos, hasta que esté bien caliente por todo.

Empuje con cuidado la mezcla de los fideos hacia los lados de la sartén, dejando el centro libre. Añada en él los huevos y caliéntelos a fuego lento durante 1 minuto sin remover y, entonces, empiece a deshacerlos con una cuchara. Mueva otra vez los fideos hacia el centro y remueva bien hasta que queden bien mezclados con los huevos.

Añada la salsa mezclada y cocínelos durante 1 minuto, o hasta que estén bien calientes por todo. Agregue los brotes de soja y el cilantro y remueva. Reparta el contenido en boles y sírvalos inmediatamente rociados con los cacahuetes.

Para preparar ensalada de fideos frescos, hierva 250 g de fideos de arroz secos tal como se indica en la receta. Póngalos en un cuenco y añada 1 zanahoria rallada, ½ pepino cortado en rodajas, 1 puñado de brotes de soja, 1 puñado de hojas de albahaca, 1 puñado de hojas de menta y 1 puñado de hojas de cilantro. Mezcle 1 cucharadita de aceite de sésamo, 2 cucharadas de aceite de oliva, 1 cucharada de salsa de pescado tailandesa, 2 cucharaditas de azúcar lustre y 1 cucharada de zumo de lima. Añada la mezcla a la ensalada, remueva bien y sírvala con 4 cucharadas de cacahuetes.

fideos con cerdo agridulce

2 raciones
tiempo de preparación
10 minutos, más tiempo
de marinado
tiempo de cocción **6 o 7 minutos**

250 g de **lomo de cerdo**
3 cucharadas de **salsa de soja clara**
2 cucharadas de **salsa de chile dulce**
1 cucharada de **azúcar lustre**
1 cucharada de **vinagre de vino de arroz**
3 cucharadas de **aceite vegetal**
2 **dientes de ajo**, cortados en rodajas
2 cucharaditas de **raíz de jengibre fresca** rallada
1 **cebolla** pequeña, cortada en rodajas
1 **pimiento rojo**, despojado de corazón y semillas y cortado en rodajas
259 g de **fideos** *hokkein* **frescos**

Corte el cerdo en lonchas finas y póngalo en un cuenco. Mezcle las salsas de soja y chile dulce, el azúcar y el vinagre y añada la mezcla a la carne. Remueva bien hasta que ésta quede cubierta por todos lados, tape el cuenco y déjelo marinar a temperatura ambiente fresca durante 15 minutos. Escurra el cerdo, reserve la salsa y póngala a un lado.

Caliente la mitad del aceite en un wok o una sartén grande hasta que empiece a humear. Añada la carne y sofríala a fuego rápido durante 3 o 4 minutos, hasta que se dore. Sáquela de la sartén con una espumadera.

Caliente el resto del aceite en la sartén, añada el ajo, el jengibre, la cebolla y el pimiento rojo y sofría a fuego rápido durante 1 minuto. Vuelva a poner la carne en la sartén con los fideos y la salsa marinada, y remueva durante 2 minutos, hasta que esté bien caliente. Sirva inmediatamente.

Para preparar pollo con salsa de ciruela y fideos, corte en lonchas finas 250 g de filetes de pechuga de pollo sin piel y póngalos en un cuenco. Mezcle 1 cucharada de salsa de soja clara, 2 cucharadas de salsa de ciruela y el zumo de ½ lima y añada la mezcla al pollo. Remueva bien hasta que éste quede bien cubierto, tápelo y déjelo marinar a una temperatura ambiente fresca durante 15 minutos. Luego proceda como se hizo para el cerdo, pero sustituya el pimiento rojo por 125 g de ramilletes de brécol. Sirva el pollo, con los fideos, adornado con hojas de cilantro frescas.

arroz con «de todo»

6 raciones
tiempo de preparación
20 minutos
tiempo de cocción
45-50 minutos

1 kg de **pollo**, cuarteado en
  12 trozos (pida al carnicero
  que lo haga)
1 cucharada de **marinada
  jamaicana**
4 cucharadas de **aceite de oliva**
1 **cebolla**, troceada
1 **pimiento rojo**, sin corazón
  ni semillas y troceado
2 **tallos de apio**, troceados
2 **dientes de ajo**, machacados
1 cucharada de **tomillo** troceado
250 g de **arroz de grano largo**
600 ml de **caldo de pollo**
  caliente (*véase* pág. 44
  para caldo de pollo casero)
un pedazo de **jamón cocido**
  de 250 g, cortado en dados
250 g de **gambas crudas
  peladas**
2 cucharadas de **cilantro fresco**
  troceado

Ponga las tajadas de pollo en un cuenco, añada la marinada, salpimiente y remueva bien hasta recubrir todo el pollo.

Caliente el aceite en una sartén grande, añada el pollo y cocínelo durante 5 o 6 minutos, hasta que se dore. Sáquelo de la sartén con una espumadera.

Ponga en la sartén la cebolla, el pimiento rojo, el apio, el ajo, el tomillo, salpimiente y fríalo, removiendo a menudo durante 10 minutos, hasta que se dore. Vuelva a poner el pollo en la sartén.

Añada el arroz y remueva bien; después agregue el caldo caliente. Cuando llegue a ebullición, reduzca el fuego y deje que hierva lentamente durante 20 minutos.

Incorpore el jamón y las gambas, remueva y deje que se haga, tapado, durante 10 minutos más, hasta que el arroz esté tierno y todo el caldo haya quedado absorbido. Ajuste el condimento y sirva inmediatamente.

Para preparar una paella clásica, prepare y cocine el pollo y las hortalizas como se indica en la receta. Después de volver a poner el pollo en la sartén, añada 250 g de arroz para paella y remueva bien. Agregue el caldo caliente con 400 g de tomates troceados de lata. Cuando llegue a ebullición, reduzca el fuego, tape la sartén y deje que hierva lentamente por espacio de 35 o 40 minutos, hasta que el arroz esté cremoso y tierno y la mayor parte del caldo haya quedado absorbido. Ajuste el condimento y sirva inmediatamente.

risotto con guisantes y gambas

6 raciones
tiempo de preparación
  10 minutos
tiempo de cocción **40 minutos**

500 g de **gambas crudas
  sin pelar**
125 g de **mantequilla**
1 **cebolla**, finamente troceada
2 **dientes de ajo**, machacados
259 g de **arroz** *risotto*
375 g de **guisantes frescos**
150 ml de **vino blanco seco**
1,5 l de **caldo vegetal** caliente
  (*véase* pág. 58 para caldo
  vegetal casero)
4 cucharadas de **menta** troceada
sal y **pimienta negra**

Pele las gambas y reserve las cabezas y las pieles.

Derrita 100 g de mantequilla en una sartén grande y fría las cabezas y pieles de gamba durante 3 o 4 minutos. Escúrralas y vuelva a verter la mantequilla en la sartén, desechando las cabezas y las pieles.

Fría la cebolla y el ajo durante 5 minutos, hasta que estén tiernos pero no dorados. Agregue el arroz y remueva bien. Incorpore los guisantes y vierta encima el vino. Deje que hierva, removiéndolo, hasta que se reduzca a la mitad.

Agregue el caldo caliente y deje que se haga, sin dejar de remover, hasta que absorba cada cucharón antes de añadir el siguiente. Prosiga de este modo hasta que todo el caldo haya quedado absorbido y el arroz esté cremoso pero los granos todavía firmes. Esto debería llevar unos 20 minutos.

Derrita el resto de la mantequilla en una sartén aparte, añada las gambas y fríalas, removiendo, durante 3 o 4 minutos. Mezcle las gambas y su jugo con el arroz y la menta, y salpimiente.

Para preparar pasteles de *risotto* con guisantes y gambas, cocine el *risotto* como se indica en la receta y, después, deje que se enfríe. Añada 2 huevos batidos y 50 g de queso parmesano rallado y remueva. Con las manos húmedas, forme con la mezcla unos pastelitos aplanados de 10 cm de diámetro. Caliente en una sartén una capa superficial de aceite vegetal, añada los pasteles, por tandas, y cocínelos durante 3 o 4 minutos por cada lado. Sáquelos de la sartén con una espumadera y manténgalos calientes en un horno precalentado a 150 °C (marca de gas 2) mientras cocina el resto. Sírvalos con una ensalada verde crujiente.

risotto asado con mantequilla quemada

4-8 raciones
tiempo de preparación **5 minutos**
tiempo de cocción **40 minutos**

aceite de oliva en espray,
    para untar
375 g de **arroz** *risotto*
1,2 l de **caldo de pollo** caliente
    (*véase* pág. 44 para caldo
    de pollo casero)
50 g de **mantequilla**
50 g de **queso parmesano**,
    recién rallado
sal y **pimienta negra**

Unte ligeramente una fuente de 2 l con aceite en espray.
Ponga el arroz en la fuente preparada y vierta encima el caldo.
Añada un poco de sal y pimienta, remueva una vez y cúbralo
con una tapa bien ajustada (incorpore una capa de papel
de aluminio si es necesario).

Póngalo a asar en un horno precalentado a 180 °C (marca
de gas 4) durante 40 minutos, hasta que el arroz esté tierno
y haya absorbido la mayor parte del caldo.

Mientras tanto, derrita la mantequilla en una cazuela
pequeña y cocínela a fuego lento durante 2 o 3 minutos,
hasta que adquiera un color ligeramente dorado.

Retire el *risotto* del horno, añada el parmesano y la mantequilla
quemada y remueva. Sírvalo inmediatamente.

Para preparar *risotto* **de calabaza asado**, mezcle en
una fuente de asar 500 g de calabaza pelada, despojada
de semillas y cortada en dados con 1 cebolla cortada en
rodajas finas, 1 diente de ajo machacado, 1 cucharada de
salvia troceada, 2 cucharadas de aceite de oliva virgen extra
y salpimiente. Prepare el arroz para asar como se indica en
la receta y póngalo en el horno, con la mezcla de la calabaza
en el estante inferior al del *risotto*. Después de asarlo durante
40 minutos, añada al *risotto* la mezcla de la calabaza, 50 g
de queso parmesano recién rallado y la mantequilla quemada
(como se indica en la receta), y revuelva bien.

carne, pollo y pescado

asado de pollo con hierbas aromáticas y beicon

4 raciones
tiempo de preparación
10 minutos
tiempo de cocción **45 minutos**

2 cucharadas de **aceite de oliva virgen extra**

2 cucharadas de **tomillo** troceado

2 **dientes de ajo**, machacados

la **piel** rallada y el **zumo** de 1 **limón**

4 **cuartos de pollo**, de unos 375 g cada uno

4 **lonchas de beicon con tocino,** sin la corteza

1 cucharada de **harina normal**

150 ml **de vino blanco seco**

300 ml de **caldo de pollo** (*véase* pág. 44 para caldo de pollo casero)

sal y **pimienta negra**

Mezcle en un bol el aceite, el tomillo, el ajo, la piel rallada de limón y salpimiente. Con un cuchillo bien afilado, haga varias hendiduras superficiales en los cuartos de pollo y úntelos con la mezcla de aceite y hierbas. Envuelva cada cuarto de pollo con una loncha de beicon y asegúrela con un palillo de cóctel.

Páselos a una fuente a prueba de calor y póngalos a asar en un horno precalentado a 200 °C (marca de gas 6) por espacio de 35 o 40 minutos, hasta que estén crujientes y dorados. Saque el pollo del horno, trasládelo a una fuente caliente y envuélvalo con papel de aluminio.

Escurra toda la grasa de la fuente del asado menos 2 cucharadas y póngala sobre un fuego medio. Añada la harina y cocínelo, sin dejar de remover, durante 30 segundos. Agregue y mezcle poco a poco el vino y después el caldo y deje que se haga a fuego lento durante 5 minutos, hasta que se espese. Sirva esta salsa con el pollo.

Para preparar unas patatas asadas perfectas, para servir con el pollo, hierva 750 g de patatas peladas durante 10 minutos en una sopera grande con agua hirviendo ligeramente salada. Escúrralas bien, vuelva a ponerlas en la sopera y agítelas vigorosamente para soltarlas entre sí. Ponga 4 cucharadas de aceite de oliva en una fuente de asar y caliéntelo en un horno precalentado a 200 °C (marca de gas 6) durante 5 minutos. Con cuidado, vierta en ella las patatas (el aceite chisporroteará) y déjelas asar en el horno por espacio de 45 o 50 minutos, removiéndolas una vez a mitad de la cocción, hasta que estén crujientes y doradas.

pollo con vino tinto y uvas

4 raciones
tiempo de preparación
5 minutos
tiempo de cocción **30 minutos**

3 cucharadas de **aceite de oliva**
4 **filetes de pechuga de pollo
sin piel**, de unos 150 g cada
una
1 **cebolla morada**, cortada
en rodajas
2 cucharadas de **pesto rojo**
(*véase* más abajo para pesto
rojo casero)
300 ml de **vino tinto**
300 ml de **agua**
125 g de **uvas tintas**, cortadas
por la mitad y sin semillas
sal y **pimienta negra**
hojas de albahaca, para adornar

Caliente 2 cucharadas del aceite en una sartén grande,
añada las pechugas de pollo y fríalas a fuego medio durante
5 minutos, dándoles la vuelta a menudo, hasta que se doren.
Sáquelas de la sartén con una espumadera y escúrralas
sobre papel de cocina.

Caliente el resto del aceite en la sartén, agregue las rodajas
de cebolla y el pesto y cocínelos, sin dejar de remover, durante
3 minutos, hasta que la cebolla esté blanda pero no dorada.

Añada el vino y la medida de agua a la sartén y haga que
hierva. Vuelva a poner en la sartén las pechugas de pollo
y salpiméntelas. Reduzca el fuego y deje que se hagan
lentamente durante 15 minutos, o hasta que el pollo esté
hecho por dentro.

Incorpore las uvas, remueva y sírvalo inmediatamente
con las hojas de albahaca.

Para preparar pesto rojo casero, ponga en un robot
de cocina, o una batidora, 1 diente de ajo troceado,
½ cucharadita de sal marina, 25 g de hojas de albahaca,
50 g de tomates secados al sol en aceite (escurridos),
125 ml de aceite de oliva virgen extra y un poco de pimienta
y bátalo todo hasta conseguir una pasta uniforme. Póngala
en un cuenco, añada 2 cucharadas de queso parmesano
recién rallado y remueva bien.

muslos de pollo con pesto fresco

4 raciones
tiempo de preparación
 10 minutos
tiempo de cocción **25 minutos**

1 cucharada de **aceite de oliva**
8 **muslos de pollo**

para el **pesto verde**
6 cucharadas de **aceite de oliva**
50 g de **piñones**, tostados
50 g de **queso parmesano**,
 recién rallado
50 g de **hojas de albahaca**,
 más algo extra para guarnición
15 g de **perejil de hoja lisa**
2 **dientes de ajo**, troceados
sal y **pimienta negra**

Caliente el aceite en una sartén antiadherente, añada los
muslos de pollo y fríalos a fuego medio, dándoles la vuelta
a menudo durante unos 20 minutos o hasta que estén hechos
por dentro.

Mientras, haga el pesto. Ponga todos los ingredientes
en un robot de cocina, o una batidora. y bata hasta conseguir
una pasta uniforme.

Saque el pollo de la sartén y manténgalo caliente. Reduzca
el fuego y añada el pesto a la sartén. Caliéntelo bien,
removiendo durante 2 o 3 minutos

Vierta el pesto caliente sobre los muslos de pollo, guarnézcalos
con albahaca y sírvalos con hortalizas al vapor y tomates
cherry asados.

**Para preparar muslos de pollo con salsa de mostaza
y crema fresca**, cocine los muslos de pollo como se indica
en la receta, sáquelos de la sartén y manténgalos calientes.
Reduzca el fuego, añada 50 ml de vino blanco seco y rasque
el fondo de la sartén para soltar el residuo pegado. Deje
que hierva a fuego lento hasta que se reduzca a la mitad.
Añada y mezcle 125 g de crema fresca y 1 cucharada
de mostaza de grano entero y caliéntelas bien, removiendo
durante 3 minutos. Viértalas sobre el pollo y sírvalo con
cebollinos frescos troceados.

satay de pollo

6 raciones

tiempo de preparación
   10 minutos, más tiempo
   de marinado

tiempo de cocción **10 minutos**

25 g de **crema de cacahuete
   lisa**
125 ml de **salsa de soja**
125 ml de **zumo de lima**
15 g de **curry en polvo**
2 **dientes de ajo**, troceados
1 cucharadita de **salsa de ají
   picante**
6 **filetes de pechuga de pollo
   sin piel**, cortados en cubos

Mezcle la crema de cacahuete, la salsa de soja, el zumo de lima, el polvo de curry, el ajo y la salsa de ají picante en un cuenco que no sea de metal.

Añada el pollo a la marinada y remueva bien hasta quede bien recubierto. Tápelo y déjelo marinar en el frigorífico durante 12 horas o toda la noche.

Cuando esté listo para cocinar, ensarte el pollo en broquetas de metal y cocínelas bajo un grill fuerte precalentado durante 5 minutos por cada lado o hasta que estén hechos por dentro. Sírvalo inmediatamente.

Para preparar broquetas de pollo con salsa *piri piri*, mezcle en un cuenco grande 4 cucharadas de aceite de oliva virgen extra, 2 guindillas rojas troceadas (sin semillas si se desea), 2 dientes de ajo machacados, sal y pimienta al gusto. Reserve la mitad de la mezcla por separado y después añada el pollo a la mitad que queda en el cuenco y remueva bien hasta que quede recubierto por todo. Tápelo y déjelo marinar en el frigorífico durante unas 12 horas o durante toda la noche. Ensarte el pollo en broquetas de bambú (puestas a remojar en agua hirviendo durante 10 minutos) y cocínelas bajo un grill fuerte precalentado durante 5 minutos por cada lado o hasta que estén hechas por dentro. Sírvalas rociadas con el resto del *piri piri* y un chorrito de zumo de limón.

pechugas de pato con lentejas

4 raciones
tiempo de preparación
10 minutos
tiempo de cocción
25-30 minutos

4 **pechugas de pato
de Barbary**, de unos 175 g
cada una
175 g de **lentejas de Puy**
150 ml de **caldo de pollo**
(*véase* pág. 44 para caldo
de pollo casero)
sal y **pimienta negra**

para la **mermelada**
300 ml de **zumo de naranja**
250 g de **mandarinas**,
sin semillas pero con la piel,
finamente troceadas

para la **salsa**
3 **chalotas**, finamente cortadas
50 ml de **oporto**
150 ml de **zumo de uva tinta**

Ponga las pechugas de pollo en una fuente de asar con el lado de la piel hacia arriba y áselas en un horno precalentado a 200 °C (marca de gas 6) por espacio de 10 o 15 minutos; deberían estar aún rosas en el centro. Déjelo reposar 5 minutos.

Mientras, ponga las lentejas en una cazuela con agua salada, haga que hierva y deje que se hagan durante 15 minutos. Escúrralas.

Mientras se cocinan el pato y las lentejas, haga la mermelada. Ponga el zumo de naranja y las mandarinas en una olla de acero inoxidable. Haga que hierva y reduzca el fuego y cocínelos lentamente durante 19 minutos o hasta que se reduzcan en dos tercios. Al mismo tiempo, para hacer la salsa, caliente una sartén antiadherente, ponga en ella las chalotas y cocínelas a fuego lento durante 2 o 3 minutos. Añada el oporto y el zumo de uva y, cuando llegue a ebullición, deje que hiervan durante 10 minutos o hasta que queden reducidos a la mitad.

Saque el pato de la fuente y póngalo a un lado. Escurra el exceso de grasa de la bandeja. Ponga en la fuente las lentejas cocinadas y el caldo y deje que se hagan sobre fuego medio, rascando cualquier residuo que se forme en el fondo, durante 2 o 3 minutos, hasta que casi todo el caldo se haya evaporado.

Corte las pechugas de pato en lonchas. Reparta las lentejas entre 4 platos calentados y ponga encima las lonchas de pato. Con una cuchara grande, vierta la marinada en torno a las lentejas y sírvalo con unas ramitas de cebollino como guarnición.

rogan josh de cordero

4 raciones
tiempo de preparación
20 minutos, más tiempo
de marinado
tiempo de cocción **2 horas**

1 kg de **pierna de cordero
deshuesada**
una lata de 400 g de **tomates
troceados**
300 ml de **agua**
1 cucharadita de **azúcar lustre**
2 cucharadas de **cilantro fresco**
troceado, más algo extra
para adornar

para la **marinada**
1 **cebolla**, toscamente troceada
4 **dientes de ajo**, toscamente
troceados
2 cucharaditas de **raíz de
jengibre fresca** rallada
1 **guindilla roja** grande, troceada
2 cucharaditas de **cilantro
molido**
1 ½ cucharaditas de **sal**
1 cucharadita de **comino molido**
1 cucharadita de **cúrcuma
molida**
½ cucharadita de **canela molida**
½ cucharadita de **pimienta
blanca molida**
2 cucharadas de **vinagre de vino
tinto**

Corte el cordero en pedazos, desechando cualquier ternilla,
y póngalo en un cuenco que no sea de metal.

Haga la marinada. Ponga todos los ingredientes en un robot
de cocina o una batidora y bátalos hasta que se haga una
pasta uniforme. Agréguela al cordero y remueva bien hasta
que quede recubierto. Tápelo y déjelo marinar en el frigorífico
durante toda la noche.

Añada y mezcle el cilantro fresco y cocínelo, destapado,
durante 25 o 30 minutos más, hasta que la salsa se haya
espesado. Rectifique el condimento, adorne con el cilantro
y sírvalo con arroz (*véase* más abajo).

Para preparar un arroz perfecto para servir con el curry,
ponga 300 g de arroz basmati en una olla grande con
1,5 l de agua fría y 1 cucharadita de sal. Haga que hierva,
reduzca el fuego y deje que se haga lentamente durante
10 minutos. Escurra el arroz en un colador y póngalo sobre
la olla. Tape todo el colador y la olla con un paño de cocina
limpio y déjelo reposar durante 5 minutos. Suelte los granos
con un tenedor y sírvalo.

koftas de cordero y calabacín

4 raciones
tiempo de preparación
20 minutos
tiempo de cocción **20 minutos**

2 **calabacines**, finamente
  rallados
2 cucharadas de **semillas
  de sésamo**
250 g de **carne de cordero
  picada**
2 **cebollas verdes**, finamente
  cortadas
1 **diente de ajo**, machacado
1 cucharada de **menta** troceada
½ cucharadita de **especias
  mixtas molidas**
2 cucharadas de **pan rallado**
1 **huevo**, levemente batido
aceite vegetal, para fritura
  superficial
sal y **pimienta negra**
gajos de limón, para guarnición

Presione los calabacines rallados en un colador para extraer
todo el líquido posible. Trasládelos a un cuenco.

Ponga en el fuego una sartén de fondo pesado hasta que
esté bien caliente, ponga en ella las semillas de sésamo y
tuéstelas, sin dejar de remover, durante 1 o 2 minutos, hasta
que se doren y desprendan aroma. Añádalas a los calabacines
junto con el cordero y todos los ingredientes restantes, excepto
el aceite y los gajos de limón. Salpimiente generosamente.

Forme con la mezcla 20 bolas pequeñas (*koftas*). Caliente
una capa superficial de aceite en una sartén, añada las
koftas por tandas y cocínelas durante 5 minutos, girándolas
a menudo, hasta que estén uniformemente doradas. Mantenga
calientes las *koftas* cocinadas en un horno precalentado
a 160 °C (marca de gas 3) mientras cocina el resto de ellas.
Sírvalas calientes, guarnecidas con los gajos de limón.

Para preparar salsa de *tahini*, para servir como
acompañamiento, mezcle en un cuenco 250 ml de
yogur griego, 2 dientes de ajo machacados, 1 cucharada
de crema de tahini, 2 cucharaditas de zumo de limón
y salpimiente.

136

cuello de cordero a la mostaza

4 raciones
tiempo de preparación
10 minutos, más tiempo
de reposado
tiempo de cocción
10-15 minutos

500 g de **cuello de cordero**
4 **dientes de ajo**, machacados
2 cucharadas de **mostaza**
de Dijon o **inglesa**
1 cucharada de **cilantro fresco**
1 cucharada de **aceite de oliva**

Recorte toda grasa del cordero.

Mezcle en un bol el ajo, la mostaza, el cilantro y el aceite.

Unte la carne con esta mezcla y pásela a una fuente de asar.

Póngala a asar en un horno precalentado a 200 °C (marca de gas 6) por espacio de 10 a 15 minutos, o hasta que la carne esté hecha a su gusto. Déjela reposar 10 minutos y sírvala con una selección de hortalizas al vapor.

Para preparar puré de boniatos para servir con el cordero, hierva 500 g de boniatos con 375 g de patatas en una sopera grande con agua hirviendo ligeramente salada hasta que estén tiernos. Escúrralos bien y vuelva a ponerlos en la sopera. Añada 50 g de mantequilla, 50 ml de leche, salpimiente y bátalo hasta que se haga puré.

costillas de cerdo

tiempo de preparación **5 minutos**
tiempo de cocción **1 hora**

2 **tiras de costillas de cerdo**,
  de en torno a 1 kg cada una
100 ml de **ketchup**
2 cucharadas de **miel clara**
1 cucharada de **salsa de soja**
  oscura
1 **cucharada de** aceite de oliva
1 **cucharada de** vinagre de malta
2 cucharaditas de **mostaza**
  de Dijon
sal y **pimienta negra**

Disponga las costillas sobre una rejilla de horno en una bandeja de asar grande. Mezcle el resto de los ingredientes en un cuenco. Unte las costillas generosamente con la marinada por ambos lados.

Ponga las costillas a asar en un horno precalentado a 200 °C (marca de gas 6) durante 30 minutos.

Unte de nuevo, con un pincel limpio, las costillas por ambas caras con la marinada y déjela enfriar durante 5 minutos antes de servirla dividida en 4 porciones.

Sáquelas del horno, úntelas una vez más con el resto de la marinada y déjelas enfriar durante 5 minutos antes de servirlas, divididas en 4 porciones.

Para preparar alas chinas con *hoisin*, mezcle todos los ingredientes de la marinada como se indica en la receta, pero añadiendo 2 cucharadas de salsa *hoisin*. Revuelva la salsa con 12 alas de pollo grandes hasta recubrirlas bien por todo. Ase las alas en un horno precalentado a 200 °C (marca de gas 6) durante 30 o 35 minutos, hasta que estén crujientes y hechas por dentro.

lomo de cerdo marinado

4 raciones

tiempo de preparación
10 minutos, más tiempo
de marinado
tiempo de cocción **20 minutos**

2 **piezas de lomo de cerdo**,
de unos 250 g cada una
1 cucharada de **linaza**
150 ml de **vino blanco seco**

para la **marinada**
1 **palito de canela**
2 cucharadas de **salsa de soja**
1 **diente de ajo**, machacado
1 cucharadita de **raíz de
jengibre fresca** rallada
1 cucharada de **miel clara**
1 cucharadita de **semillas
de cilantro** machacadas
1 cucharadita de **aceite
de sésamo**

Mezcle los ingredientes de la marinada en un cuenco.
Ponga los lomos de cerdo en una fuente llana y cúbralos
bien con la marinada. Tápelos en el frigorífico durante
al menos 2 o 3 horas, y preferiblemente toda la noche.

Cuando el cerdo esté listo para cocinar, escúrralo y reserve
la marinada. Coloque la carne sobre las semillas de linaza
hasta que quede uniformemente cubierta. Caliente una
bandeja de horno, añada la carne y cocínela a fuego rápido
hasta que se dore. Trasládela a un horno precalentado
a 180 °C (marca de gas 4) y deje que se haga durante
15 minutos, hasta que esté bien dorada.

Mientras tanto, retire el palito de canela de la marinada y
vierta el líquido en una cazuela antiadherente. Añada el vino
y haga que hierva; entonces reduzca el fuego y deje que
se caramelice. Retire del fuego.

Corte el lomo asado en lonchas de 5 mm de grosor. Sírvalas
sobre un lecho de hortalizas al vapor, tales como *pak choi*
o espinaca, y vierta la salsa por encima de ellas.

Para preparar lomo de cerdo con corteza de Dukkah,
omita el marinado de la carne. Caliente una sartén grande
y tueste en ella 25 g de semillas de sésamo, 2 cucharadas de
semillas de cilantro y ½ cucharadita de semillas de comino
durante 2 minutos. Déjelas enfriar y muélalas en un molinillo
de especias. Añada y mezcle 25 g de almendras blancas
(escaldadas) y troceadas, ½ cucharadita de sal y un poco
de pimienta. Traslade la mezcla a un plato grande y presione
los filetes de cerdo contra ella hasta que se recubran bien
por ambas caras. Ase el cerdo como se indica en la receta;
déjelo reposar 5 minutos y sírvalo con una ensalada verde.

rollos de espárragos y jamón

3 raciones
tiempo de preparación
10 minutos
tiempo de cocción **28 minutos**

18 **espárragos enteros**,
recortada la base
250 g de **queso mozzarella**
250 g de **jamón**, cortado
en lonchas finas
75 g de **mantequilla**, más algo
extra para untar
pimienta negra

Sumerja los espárragos en una olla grande con agua hirviendo
ligeramente salada y cocínelos a fuego medio por espacio
de 4 a 8 minutos, o justo hasta que se pongan tiernos.

Escúrralos y sumérjalos en agua fría. Cuando se hayan
enfriado, vuelva a escurrirlos y póngalos a un lado.

Corte el mozzarella en 18 lonchas iguales. Reparta las lonchas
de jamón en 6 pilas iguales y corte la mantequilla en 12 pedazos
también iguales.

Coja 3 espárragos y colóquelos sobre una pila de jamón.
Ponga 2 lonchas de mozzarella entre los espárragos junto
con un pedazo de mantequilla. Envuelva los espárragos
y demás con el jamón, empleando para ello todas las lonchas
de la pila. Repita la operación hasta que tenga 6 rollos.

Unte levemente con mantequilla una fuente de asar
y disponga ordenadamente los rollos sobre su fondo. Ponga
una loncha de mozzarella y un pedazo de mantequilla sobre
cada rollo. Condimente con pimienta y póngalos a asar en
un horno precalentado a 200 °C (marca de gas 6) durante
20 minutos.

**Para preparar espárragos con limón y salsa de mantequilla
con ajo**, cocine los espárragos como se indica en la receta.
Mientras tanto, ponga en una cazuela 125 g de mantequilla,
1 diente de ajo machacado, la piel de 1 limón finamente
rallada y un poco de pimienta y cocínelos, removiendo,
hasta que el ajo se ablande. Añada y mezcle 1 cucharada
de zumo de limón y sírvalo vertido sobre los espárragos.

cerdo con col rizada

4 raciones
tiempo de preparación
15 minutos
tiempo de cocción **40 minutos**

1 cucharada de **semillas
de sésamo**

2 **dientes de ajo**, cortados
en rodajas muy finas

3 **cebollas verdes**, cortadas
diagonalmente en rodajas
de 1,5 cm

½ cucharadita de **pimienta
cayena**

300 g de **lomo de cerdo**,
cortado en tiras gruesas

2 cucharadas de **aceite de oliva**

2 cucharaditas de **aceite
de sésamo**

2 cucharadas de **miel clara**

400 g de **col rizada**, cortada
en tiras

Ponga en el fuego una sartén de fondo pesado hasta
que esté bien caliente. Ponga en ella las semillas de sésamo
y tuéstelas, agitando constantemente, durante 1 o 2 minutos,
hasta que se doren y desprendan aroma. Trasládelas a un
plato frío y póngalas a un lado.

Mezcle en un cuenco, el ajo, las cebollas verdes y la pimienta
cayena. Añada la carne y mezcle bien.

Caliente los aceites en una sartén, añada el cerdo, en 3 tandas,
y sofríalo a fuego rápido durante 5 minutos por cada lado,
o hasta que esté dorado por fuera y hecho por dentro. Sáquelo
de la sartén con una espumadera.

Añada la salsa de soja, la miel y la col a la sartén y remueva
bien para mezclar. Tápela y deje que se hagan a fuego
medio durante 5 o 6 minutos.

Vuelva a poner la carne en la sartén, agregue las semillas
de sésamo y mezcle bien. Sírvalo inmediatamente.

Para elaborar arroz con naranja y mostaza para servir con
el cerdo, ponga 350 g de arroz de jazmín en una olla y añada
500 ml de agua fría y 1 cucharadita de sal. Haga que hierva,
reduciendo el fuego, y cúbralo con una tapa bien ajustada y
deje que se haga a fuego lento durante 12 minutos. Mientras
tanto, derrita 25 g de mantequilla en una cazuela pequeña,
añada 1 cucharada de semillas de mostaza y la piel rallada
de 1 naranja y cocínelos a fuego lento, removiendo durante
2 o 3 minutos hasta que las semillas de mostaza se doren.
Retire el arroz del fuego, vierta encima la mezcla de la mostaza
y vuelva a poner la tapa, Deje que repose durante 10 minutos,
remueva bien y sirva.

hamburguesas de ternera al chile tailandés

4 raciones
tiempo de preparación
  10 minutos
tiempo de cocción
  10-12 minutos

500 g de **carne de vacuno picada**
1 cucharada de **pasta roja de curry tailandés**
25 g de **migas de pan blanco frescas**
2 cucharadas de **cilantro fresco** troceado
1 **huevo**, levemente batido
1 cucharada de **salsa de soja clara**
pimienta negra

para **servir**
1 **baguette larga**, cortada en 4 y abierta por la mitad en sentido horizontal
lechuga cortada muy fina
salsa de chile dulce

Ponga la carne picada en un cuenco, añada la pasta roja de curry, las migas de pan, el cilantro, el huevo, la salsa de soja y la pimienta. Mezcle todo a conciencia con las manos hasta que se haga una pasta pegajosa. Forme con ella 8 mini-hamburguesas.

Caliente una plancha, ponga en ella las hamburguesas y cocínelas a fuego rápido durante 4 o 5 minutos por cada lado, hasta que estén ligeramente chamuscadas por fuera y hechas por dentro.

Ponga dos hamburguesas en cada bocadillo junto con algo de lechuga picada y salsa de chile dulce.

Para preparar hamburguesas de ternera con *satay*, prepare y cocine las hamburguesas como se indica en la receta. Haga la salsa *satay* mezclando en una cazuela 6 cucharadas de crema de coco, 3 cucharadas de salsa de cacahuete, el zumo de ½ lima, 2 cucharaditas de salsa de pescado tailandesa y 2 cucharaditas de salsa de chile dulce. Caliéntelo a fuego lento, removiendo durante 2 o 3 minutos hasta que quede bien mezclado. Disponga las hamburguesas, con algunas hojas de ensalada y la salsa *satay*, en unos panecillos con semillas de sésamo tostadas.

pastel de pastor (*shepherd's pie*)

4-6 raciones
tiempo de preparación
  20 minutos
tiempo de cocción **1 hora
  y 20 minutos-1 hora y
  25 minutos**

1 cucharada de **aceite de oliva**
1 **cebolla**, finamente cortada
1 **zanahoria**, cortada en dados
1 **tallo de apio**, cortado en
  dados
1 cucharada de **tomillo** troceado
500 g de **carne de cordero
  picada**
una lata de 400 g de **tomates
  troceados**
4 cucharadas de **puré de tomate**
750 g de **patatas**, tales como
  Desirée, peladas y cortadas
  en cubos
50 g de **mantequilla**
3 cucharadas de **leche**
75 g de **queso cheddar**, rallado
sal y **pimienta negra**

Caliente el aceite en una cazuela, agregue la cebolla, la zanahoria, el apio y el tomillo y fríalos a fuego lento durante 10 minutos, hasta que estén blandos y dorados.

Añada la carne picada y cocínela a fuego rápido, deshaciéndola con una cuchara de madera, durante 5 minutos, hasta que se dore. Incorpore los tomates, el puré de tomate y salpimiente. Haga que hierva y, entonces, reduzca el fuego, tape y deje que se haga lentamente durante 30 minutos.

Quite la tapa y deje que siga haciéndose otros 15 minutos.

Mientras, ponga las patatas en una sopera grande con agua hirviendo ligeramente salada y haga que hierva; deje que cuezan lentamente durante 15 o 20 minutos, hasta que estén realmente tiernas. Escúrralas bien y vuelva a ponerlas en la sopera, añada la mantequilla, la leche y la mitad del queso, salpimiente y bátalo hasta que se haga puré.

Ponga la carne picada a una fuente de asar de 2 l, nivélela y vierta y extienda cuidadosamente el puré encima de ella. Arrugue la superficie del puré con un tenedor y esparza sobre ella el queso restante. Póngalo a asar en un horno precalentado a 190 °C (marca de gas 5) durante 20 a 25 minutos.

Para preparar pasteles de hojaldre de cordero con curry, prepare y cocine la mezcla de la carne picada, añadiendo 1 cucharada de pasta de curry de picor medio junto con los tomates, el puré de tomate y el condimento. Reparta el relleno entre 6 fuentes para horno de 300 ml. Apile 4 láminas de masa de hojaldre untando cada una con mantequilla derretida. Córtelas en 6 porciones y presione una sobre cada fuente para cubrir. Áselos en un horno precalentado a 190 °C (marca de gas 5) durante 20 minutos.

tacos de chile

4 raciones
tiempo de preparación
15 minutos
tiempo de cocción **25 minutos**

2 cucharadas de **aceite de oliva**
1 **cebolla** grande, finamente
troceada
2 **dientes de ajo**, machacados
500 g de **carne de vacuno
picada**
un tarro de **passata** de 700 g
una lata de 400 g de **judías
rojas**, escurridas
2 o 3 cucharadas de **salsa
de chile dulce**
8 **tortillas de maíz blandas**
125 g de **queso Cheddar**,
rallado
125 g de **nata agria**
un puñado de **ramitas
de cilantro fresco**
sal y **pimienta negra**

Caliente el aceite en una cazuela, añada la cebolla y el ajo
y fríalos a fuego rápido durante 5 minutos.

Añada la carne picada y cocínela, deshaciéndola con una
cuchara de madera, durante 5 minutos, hasta que se dore.
Incorpore y mezcle la *passata*, las judías, la salsa de chile
y sal y pimienta al gusto y póngalo a hervir. Cuando empiece
el hervor, reduzca el fuego y deje que se haga lentamente,
sin tapa, durante 15 minutos, hasta que se espese.

Mientras, coloque las tortillas de maíz sobre una bandeja
de horno grande y caliéntelas en un horno precalentado
a 180 °C (marca de gas 4) durante 5 minutos.

Sirva las tortillas en una fuente, en el centro de la mesa. Coja
2 tortillas por persona y, con una cuchara, vierta un poco de chile
(con carne) en cada una, corónelo un cuarto del queso rallado
y la nata agria y un poco de cilantro, enrolle la tortilla y sírvala.

Para preparar chile con lentejas y pimiento rojo,
caliente 2 cucharadas de aceite de oliva en una cazuela,
añada 1 cebolla grande finamente troceada, 1 pimiento
rojo limpio y troceado y 2 dientes de ajo machacados, y
fríalos a fuego rápido durante 5 minutos. Agregue 2 latas
de 400 g de lentejas marrones, escurridas, junto con la
passata, las judías, la salsa de chile y salpimiente. Póngalo
a hervir y, cuando empiece, reduzca el fuego y deje que
se haga lentamente, sin tapa, durante 15 minutos. Mientras
tanto, hierva 300 g de arroz basmati en una cazuela grande
con agua salada hirviendo durante 10 o 12 minutos, justo
hasta que se ponga tierno; y después escúrralo. Sirva
el chile caliente con el arroz, el guacamole (*véase* pág. 26
para guacamole casero) y la nata agria.

broquetas de pez espada y arroz al limón

4 raciones
tiempo de preparación
10 minutos, más tiempo
de reposado
tiempo de cocción **20 minutos**

3 cucharadas de **aceite de oliva virgen extra**
1 **cebolla** grande, finamente cortada
2 cucharaditas de **cúrcuma molida**
1 cucharadita de **canela molida**
la **piel** rallada y el **zumo** de 1 **limón**
300 g de **arroz de jazmín**
750 ml de **caldo de pollo** (*véase* pág. 44 para caldo de pollo casero)
750 g de **filetes de pez espada**, cortados en dados de 2,5 cm
2 cucharadas de **cilantro fresco** troceado
sal y **pimienta negra**
aceite en espray, para untar

Caliente 2 cucharadas del aceite en una cazuela, añada la cebolla, las especias, el limón, salpimente, y fríalos a fuego lento durante 5 minutos, hasta que se ablanden.

Añada el arroz y remueva bien. Vierta encima el caldo y haga que hierva. Reduzca el fuego, tape la olla y deje que se haga lentamente durante 10 minutos. Agregue el zumo de limón, remueva, retire la cazuela del fuego y déjela reposar, tapada, durante 10 minutos. Añada el cilantro y remueva.

Mientras reposa el arroz, ensarte los cubos de pez espada en 8 broquetas de bambú previamente puestas a remojar en agua hirviendo durante 10 minutos. Úntelas con el resto del aceite y salpimiéntelas. Rocíe con aceite una plancha y cocine en ella las broquetas durante 2 minutos por cada lado, hasta que estén uniformemente doradas. Sirva el arroz y las broquetas con una ensalada de roqueta, si lo desea.

Para preparar *pilaf* **de gambas, arándanos agrios y anacardos**, prepare y cocine el arroz como se indica en la receta. Después de hervir a fuego lento durante 10 minutos, añada el zumo de limón junto con 375 g de gambas hervidas peladas, 50 g de anacardos tostados sin sal y 50 g de arándanos agrios y remueva. Déjelo reposar, tapado, durante 10 minutos antes de servir.

salmón con hinojo y tomates

4 raciones
tiempo de preparación
10 minutos
tiempo de cocción **25 minutos**

4 **filetes de salmón**, de unos
175 a 250 g cada uno
4 cucharadas de **zumo de limón**
4 cucharadas de **aceite de oliva**
1 cucharada de **vinagre
balsámico**
1 cucharada de **miel clara**
4 **dientes de ajo**, finamente
troceados
2 **cebollas moradas**, cortadas
en cuartos
2 **bulbos de hinojo**, cortados
en cuartos
entre 16 y 20 **tomates cherry**
sal y **pimienta negra**

Condimente los filetes de salmón generosamente con sal
y pimienta y vierta encima el zumo de limón.

Mezcle en un bol el aceite, el vinagre, la miel, el ajo y salpimiente
al gusto. Ponga las cebollas, el hinojo y los tomates en un
cuenco grande y vierta encima la mezcla del aceite. Revuelva
bien para mezclar y extienda la mezcla en una bandeja de asar.

Póngala a asar en un horno precalentado a 220 °C (marca
de gas 7) durante 10 minutos. Añada los filetes de salmón
a la bandeja y deje que se asen durante 12 a 15 minutos más.

Sirva el salmón con las hortalizas asadas y arroz o cuscús.

Para preparar cuscús con limón y hierbas aromáticas para
servir con el salmón, ponga 250 g de cuscús en un cuenco
a prueba de calor y vierta encima 250 ml de caldo vegetal
hirviendo (*véase* pág. 58 para caldo vegetal casero). Tape el
cuenco con un paño de cocina limpio y déjelo reposar durante
5 minutos o hasta que los granos se hayan hinchado y hayan
absorbido todo el líquido. Agregue y mezcle 2 cucharadas de
aceite de oliva virgen extra, el zumo de 1 limón y 2 cucharadas
de hierbas mixtas troceadas y ahueque el cuscús con
un tenedor.

pasteles de atún

4 raciones
tiempo de preparación
10 minutos
tiempo de cocción **20 minutos**

2 latas de 425 g de **atún
en aceite de oliva**, escurrido
300 g de **requesón**
6 **cebollas tiernas**, finamente
troceadas
la **piel** rallada y el **zumo**
de 1 **lima**
1 cucharada de **eneldo** troceado
1 **huevo**, batido
3 cucharadas de **aceite de oliva
virgen extra**
100 g de **hojas de roqueta
tiernas**
sal y **pimienta negra**

Desmenuce el atún sobre un cuenco, añada el requesón,
las cebollas tiernas, la piel rallada de lima, el eneldo, el huevo,
salpimiente y remueva con una cuchara de madera. Reserve
2 cucharaditas del zumo de lima y revuelva lo demás con la
mezcla del atún. Forme con esta mezcla 12 pasteles pequeños
de unos 7 cm de diámetro.

Caliente la mitad del aceite en una sartén, añada los pasteles
de pescado, en 2 tandas, y fríalos a fuego medio durante
4 o 5 minutos por cada cara, hasta que se doren. Reduzca
el fuego si empiezan a dorarse demasiado y cocínelos durante
1 minuto más. Sáquelos de la sartén con una espumadera
y mantenga calientes los pasteles ya cocinados en un horno
precalentado a 160 °C (marca de gas 3) mientras cocina
el resto.

Mientras, bata juntos el resto del aceite y del zumo de lima
y revuélvalos con las hojas de roqueta en un cuenco. Sirva
los pasteles de pescado con la ensalada de roqueta y un poco
de mayonesa con ajo y hierbas aromáticas (*véase* más abajo).

**Para preparar mayonesa rápida con ajo y hierbas
aromáticas** para servir con los pasteles de pescado,
añada en un cuenco 1 diente de ajo machacado,
2 cucharaditas de zumo de lima, 1 cucharada de cilantro
fresco troceado y una pizca de pimienta cayena a 150 g
de mayonesa comprada de buena calidad y mézclelo
todo bien. Pruébelo y añada más ajo si lo desea.

ensalada caliente de vieiras

4 raciones
tiempo de preparación
10 minutos
tiempo de cocción **3 minutos**

250 g de **fresas silvestres**,
despojadas de la corona
2 cucharadas de **vinagre
balsámico**
1 cucharada de **zumo de limón**,
más el zumo de 1 **limón**
50 ml de **aceite de oliva**
12 **vieiras grandes**, con corales,
cortadas en 3 rodajas
250 g de **hojas de ensalada
mixtas**
sal y **pimienta negra**

para la **guarnición**
1 cucharada de **aceite de oliva**
3 **puerros**, cortados en tiras finas
20 **fresas silvestres** u 8 **fresas
de mayor tamaño**, cortadas
en rodajas

Ponga las fresas, el vinagre, 1 cucharada de zumo de limón
y aceite en un robot de cocina o una batidora y bátalos hasta
que se mezclen bien. Pase la mezcla a través de un colador
o una tela de muselina para eliminar las semillas y póngala
a un lado.

Salpimiente y agregue el zumo de limón restante.

Prepare la guarnición. Caliente el aceite en una sartén
antiadherente, añada los puerros y fríalos a fuego rápido
removiendo durante 1 minuto o hasta que se doren.
Retírelos del fuego y póngalos a un lado.

Añada las rodajas de vieira a la sartén y cocínelas por
espacio de 20 a 30 segundos por cada lado. Reparta
las hojas de ensalada en cuatro partes y amontónelas
en el centro de 4 platos de servir. Disponga las rodajas
de vieira sobre la ensalada.

Caliente la mezcla de las fresas a fuego lento en una cazuela
pequeña por espacio de 20 a 30 segundos y viértala sobre
las vieiras y las hojas de ensalada. Esparza por encima las tiras
de puerro y las fresas. Rocíe con un poco de pimienta y sirva.

Para preparar vieiras con salsa de soja y miel, bata
juntas en un bol 2 cucharadas de aceite de oliva virgen
extra, 1 cucharadita de aceite de sésamo, 1 cucharada
de salsa de soja clara, 2 cucharaditas de vinagre balsámico,
1 cucharadita de miel clara y pimienta al gusto. Cocine las
vieiras como se indica en la receta (omitiendo los puerros)
y dispóngalas sobre la ensalada. Caliente la salsa a fuego
lento como se indica en la receta y, después, viértala sobre
las vieiras y las hojas de ensalada.

pescado y patatas al horno

4 raciones
tiempo de preparación
10 minutos
tiempo de cocción
35-40 minutos

entre 4 y 6 **patatas** grandes,
tales como Desirée, cepilladas
2 cucharadas de **aceite de oliva**,
más algo extra para fritura
superficial
100 g de **pan rallado**
50 g de **polenta**
1 cucharada de **tomillo** troceado
4 **filetes de abadejo** o **bacalao**,
de unos 175 g cada uno
3 cucharadas de **harina normal**,
condimentada con sal
y pimienta negra
2 **huevos**, ligeramente batidos
sal y **pimienta negra**
ketchup, para servir

Corte las patatas en gajos (deberían salir entre 8 y 12 gajos
de cada una). Revuélvalas con el aceite y sal y pimienta al
gusto en una fuente de asar y áselas en un horno precalentado
a 220 °C (marca de gas 7) por espacio de 35 a 40 minutos,
volviéndolas una vez, hasta que estén uniformemente doradas.

Mientras, mezcle en un cuenco grande el pan rallado,
la polenta, el tomillo y salpimiente. Espolvoree cada filete
de pescado con la harina condimentada, rebócelo en el
huevo batido y en el pan rallado hasta recubrir por completo
el pescado.

Unos 10 minutos antes de que las patatas estén listas,
caliente 1 cm de aceite en una sartén grande, añada los
filetes de pescado en 2 tandas y fríalos a fuego medio
durante 2 o 3 minutos por cada cara, hasta que el rebozo
esté crujiente y dorado y el pescado esté hecho por dentro.
Saque éste de la sartén con una pala de pescado y manténgalo
caliente en la parte inferior del horno mientras cocina el resto.
Sírvalo con las patatas al horno y ketchup.

Para preparar bocaditos de pollo con envoltura crujiente,
corte 2 filetes de pechuga de pollo sin piel en tiras de unos
2,5 cm de grosor. Siguiendo el método de arriba, reboce
las tiras de pollo en la harina condimentada, después en el
huevo batido y, por último, en la mezcla del pan rallado hasta
recubrirlas por completo. Fríalas superficialmente, como se
indica en la receta, en 2 tandas, durante 4 o 5 minutos por
cada lado, hasta que estén crujientes y doradas. Sírvalas
con mayonesa rápida de ajo y hierbas aromáticas (*véase*
pág. 158) para mojar.

salmón envuelto en jamón de parma

4 raciones
tiempo de preparación
10 minutos
tiempo de cocción **10 minutos**

4 **filetes de salmón**, de unos
175 g cada uno, sin la piel
4 lonchas de **queso fontina**,
sin la corteza
16 **hojas de salvia**
8 lonchas finas de **jamón
de Parma**
sal y pimienta negra
pasta de roqueta y perejil,
para servir (*véase* más abajo)

Condimente los filetes de salmón con sal y pimienta. Recorte
las lonchas de fontina para que se adapten a la forma del
salmón.

Coloque una loncha del queso recortado encima de cada
filete de salmón, seguida de 4 hojas de salvia. Envuelva
cada filete de salmón con 2 lonchas de jamón de Parma
para sostener el queso y las hojas en su sitio.

Ponga en el fuego una plancha hasta que esté bien caliente,
coloque sobre ella los filetes de salmón envueltos y cocínelos
durante 5 minutos por cada lado, volviéndolos con cuidado.

Sirva el salmón caliente con pasta de roqueta y perejil
(*véase* más abajo).

Para preparar pasta de roqueta y perejil para servir como
acompañamiento, sumerja 375 g de *fusilli* secos en una
cazuela grande con agua hirviendo ligeramente salada,
espere a que vuelva a hervir y deje que se hagan durante
10 a 12 minutos, hasta que estén *al dente*. Escúrralos
bien y vuelva a ponerlos en la olla. Añada 2 cucharadas
de aceite de oliva extra virgen, 50 g de hojas de roqueta
tiernas, 2 cucharadas de hojas de perejil liso troceadas,
salpimiente y remueva bien.

pastel de pescado fácil

4 raciones
tiempo de preparación
15 minutos
tiempo de cocción **40 minutos**

75 g de **mantequilla**
1 **cebolla** pequeña, **finamente troceada**
1 **puerro**, cortado en rodajas
2 **tallos de apio**, cortados en rodajas
2 **dientes de ajo**, machacados
la **piel** rallada de 1 **limón**
2 cucharaditas de **estragón** troceado
300 ml de **nata**
500 g de **filetes de pescado blanco**, tales como abadejo, bacalao o platija, cortados en cubos
150 g de **gambas crudas peladas**
1 **baguette** pequeña, cortadas en rebanadas finas
sal y **pimienta negra**

Derrita 25 g de la mantequilla en una cazuela, añada la cebolla, el puerro, el apio, el ajo, la piel rallada de limón, el estragón, salpimiente y cocínelos a fuego lento durante 10 minutos.

Añada la nata y, cuando empiece a hervir, reduzca el fuego y deje que se haga lentamente durante 2 minutos, hasta que se espese. Retire la cazuela del fuego, añada el pescado y las gambas y remueva.

Traslade la mezcla de pescado y marisco a una fuente para tartas con la ayuda de una cuchara grande. Derrita el resto de la mantequilla en una cazuela pequeña. Disponga las rebanadas de pan, solapadas entre sí, encima de la mezcla del pescado y unte en ellas la mantequilla derretida con un pincel.

Póngalo a asar en un horno precalentado a 180 °C (marca de gas 4) por espacio de 15 a 20 minutos, hasta que se dore el pan. Cúbralo con papel de aluminio y áselo durante 10 minutos más, hasta que el pescado esté hecho.

Para preparar pasteles de gambas al curry, una vez cocinada la mezcla de las hortalizas durante 10 minutos, como se indica en la receta, añada y mezcle 2 cucharaditas de curry suave en polvo y cocínela a fuego lento, sin dejar de remover, durante 2 minutos. Añada la nata y, cuando empiece a hervir, reduzca el fuego y deje que se haga lentamente durante 2 minutos, hasta que se espese. Retire la cazuela del fuego, añada 125 g de guisantes congelados (descongelados) junto con el pescado y las gambas y remueva. Con una cuchara grande, reparta la mezcla entre 4 fuentes de asar individuales. Reparta también el pan entre ellas, úntelo con la mantequilla derretida y póngalas a asar en el horno como se indica en la receta, durante 15 minutos.

langostinos en salsa de tomate con guindilla

4 raciones
tiempo de preparación
10 minutos
tiempo de cocción
10-12 minutos

2 cucharadas de **aceite de oliva**
2 **cebollas moradas**, finamente
troceadas
3 **dientes de ajo**, machacados
1 **guindilla roja**, sin semillas
y troceada
2 tiras de **piel de limón**
2 **tomates** grandes,
sin las semillas y troceados
150 ml de **caldo de pescado**
(*véase* más abajo para caldo
de pescado casero)
500 g de **langostinos tigre
crudos pelados** (cabezas,
colas y pieles reservadas
para hacer caldo, opcional)
sal y **pimienta negra**
2 cucharadas de mezcla
de **perejil** y **eneldo** troceada

Caliente el aceite en una sartén de fondo pesado, agregue las cebollas, el ajo, la guindilla y la piel de limón y fríalos a fuego medio, removiendo durante 1 o 2 minutos.

Incorpore los tomates y el caldo a la sartén y, cuando empiece a hervir, reduzca el fuego y deje que se hagan lentamente durante 5 minutos.

Añada los langostinos, salpimiente y siga cocinando, removiendo de vez en cuando, durante unos 4 minutos, hasta que los langostinos se tornen rosas.

Rocíelos con la mezcla de hierbas aromáticas y sirva inmediatamente.

Para preparar caldo de pescado casero, ponga las cabezas, colas y pieles de langostino en un almirez y macháquelos ligeramente con la mano de mortero. Póngalos en una cazuela con el zumo de ½ limón y 150 ml de vino blanco seco y, cuando empiece a hervir, añada 1,2 l de agua, 1 cebolla cortada en dados, 1 diente de ajo pelado pero entero, 3 o 4 tallos de perejil y 2 o 3 granos de pimienta negra. Reduzca el fuego y deje que se haga lentamente durante unos 15 minutos. Escúrralo y utilícelo. Debería salir en torno a 1 l de caldo.

platos vegetarianos y ensaladas

pilaf de hortalizas y hierbas de primavera

4 raciones
tiempo de preparación
  10 minutos, más tiempo
  de reposado
tiempo de cocción **20 minutos**

2 cucharadas de **aceite de oliva
  virgen extra**
1 **puerro**, cortado en rodajas
1 **calabacín**, cortado en dados
la **piel** rallada y el **zumo**
  de 1 **limón**
2 **dientes de ajo**, machacados
300 g de **arroz de grano largo**
600 ml de **caldo vegetal** caliente
  (*véase* pág. 58 para caldo
  vegetal casero)
150 g de **judías verdes**,
  troceadas
150 g de **guisantes frescos**
  o **congelados**
4 cucharadas de **hierbas mixtas**
  troceadas, tales como menta,
  perejil y cebollinos
50 g de **virutas de almendra**,
  tostadas
sal y **pimienta negra**

Caliente el aceite en una sartén grande, añada el puerro,
el calabacín, la piel rallada de limón, el ajo y un poco de sal
y pimienta; cocínelos a fuego entre medio y lento durante
5 minutos.

Añada el arroz, remueva una vez y vierta encima el caldo
caliente. Haga que hierva; reduzca el fuego, tape y deje
que se haga lentamente durante 10 minutos.

Incorpore y mezcle las judías y los guisantes, tape y cocínelos
durante 5 minutos más.

Retire la sartén del fuego y deje que repose durante 5 minutos.
Agregue y mezcle el zumo de limón y las hierbas y sírvalo
rociado con las virutas de almendra.

Para preparar *pilaf* **de hortalizas y frutas de invierno**,
caliente 2 cucharadas de aceite de oliva virgen extra en una
sartén grande, añada 1 cebolla morada cortada en rodajas,
1 cucharadita de cilantro molido y 2 cucharaditas de tomillo
troceado y cocínelos a fuego ente medio y lento durante
5 minutos. Añada 375 g de pulpa de calabaza cortada en
dados junto con el arroz, como se indica en la receta, remueva
una vez y vierta encima el caldo caliente. En cuanto empiece
a hervir, reduzca el fuego y deje que se haga lentamente
durante 10 minutos. Añada y mezcle 75 g de uvas pasas
junto con los guisantes, como se indica en la receta,
tape y cocine durante 5 minutos. Retire la sartén del fuego
y deje que repose 5 minutos. Añada y mezcle 2 cucharadas
de cilantro fresco troceado junto con el zumo de limón
y las almendras.

spaghetti con salsa de tomate fácil

4 raciones
tiempo de preparación
5 minutos
tiempo de cocción **30 minutos**

400 g de **spaghetti secos**
sal y **pimienta negra**
25 g de **queso parmesano**
recién rallado, para servir

para la **salsa de tomate fácil**
2 latas de 400 g de **tomates troceados**
2 cucharadas de **aceite de oliva virgen extra**
2 **dientes de ajo** grandes, **machacados**
1 cucharadita de **azúcar lustre**
¼ de cucharada de pequeña de **copos de guindilla secos**
2 cucharadas de **albahaca fresca** troceada

Empiece por hacer la salsa. Ponga los tomates, el aceite, el ajo, la guindilla y algo de sal y pimienta en una cazuela y haga que hierva. Entonces reduzca el fuego y deje que se haga lentamente por espacio de 20 a 30 minutos, hasta que la mezcla esté espesa y llena de aroma.

Añada y mezcle la albahaca y ajuste el condimento. Manténgala caliente.

Mientras, sumerja la pasta en una olla con agua hirviendo ligeramente salada y, cuando vuelva a hervir, deje que se haga durante 10 o 12 minutos, o justo hasta que se ponga tierna. Escúrrala y repártala entre 4 boles, vierta con una cuchara la salsa por encima y sírvalos recién rociados con queso parmesano.

Para preparar salsa de tomate y olivas con especias,
siga las indicaciones de la receta pero añadiendo ½ cucharadita de copos de guindilla secos. Agregue 125 g de aceitunas negras sin hueso justo antes de que termine de cocinarse y deje que se caliente bien.

asado de berenjena y mozzarella

4 raciones
tiempo de preparación
15 minutos, más tiempo
de elaborado de la salsa
tiempo de cocción
25-30 minutos

aceite de oliva en espray,
para untar
2 **berenjenas** grandes,
de unos 500 g cada una
3 cucharadas de **aceite de oliva
virgen extra**
cantidad de 1 receta de **salsa
de tomate fácil** (*véase*
pág. 174)
250 g de **queso mozzarella**,
rallado
25 g de **queso parmesano**,
recién rallado

Unte con aceite en espray una fuente de asar de 20 × 30 cm.
Corte las berenjenas en rodajas finas, unte éstas con el aceite
y salpiméntelas. Cocínelas bajo un grill fuerte precalentado
durante 2 o 3 minutos por cada cara, hasta que estén
levemente chamuscadas y tiernas.

Superponga entre sí, en la fuente preparada, varias
capas de rodajas de berenjena, salsa de tomate y queso
mozzarella de modo que queden 3 capas de cada, terminando
con una de mozzarella. Esparza por encima el parmesano.

Póngalo a asar en un horno precalentado a 200 °C (marca
de gas 6) por espacio de 20 a 25 minutos, hasta que borbotee
y se dore. Sírvalo con una ensalada verde crujiente y algo
de pan también crujiente.

Para elaborar canelones de berenjena y mozzarella,

prepare las berenjenas y cocínelas bajo un grill como se
indica en la receta. Corte la mozzarella en cubos y enrolle
cada rodaja de berenjena con un cubo de mozzarella y
una hoja de albahaca dentro para formar los canelones.
Colóquelos en la fuente de asar engrasada, vierta encima
la salsa de tomate y esparza sobre ésta 75 g extra de
mozzarella rallada y el parmesano rallado. Áselos como
se indica en la receta.

curry de hortalizas mixtas

4 raciones como plato principal
o **6 raciones** como plato
complementario
tiempo de preparación
15 minutos
tiempo de cocción
20-30 minutos

2 o 3 cucharadas de **aceite
vegetal**
1 **cebolla** pequeña, troceada,
o 2 cucharaditas de **semillas
de comino**
500 g de **hortalizas mixtas**,
tales como patatas, zanahorias,
rutabaga, guisantes, judías
verdes francesas y coliflor,
cortadas en pedazos
o separadas en ramilletes
(las judías verdes se pueden
dejar enteras)
1 cucharadita de **guindilla
molida**
2 cucharaditas de **cilantro
molido**
½ cucharadita de **cúrcuma
molida**
2 o 3 **tomates**, pelados
y troceados, o el **zumo**
de 1 **limón**
300 ml de **agua** (opcional)
sal

Caliente el aceite en una cazuela de fondo pesado, añada
la cebolla y fríala a fuego medio, removiendo de vez en cuando,
durante unos 10 minutos o hasta que se dore. O, si lo prefiere,
añada las semillas de comino y cocínelas, removiendo a menudo,
hasta que chisporroteen.

Agregue las hortalizas, la guindilla molida, el cilantro,
la cúrcuma y sal al gusto y cocínelas, sin dejar de remover,
durante 2 o 3 minutos.

Añada y mezcle los tomates y el zumo de limón. Si prefiere un
curry seco, añada sólo un poquito de agua, tape y cocine a fuego
lento durante 10 o 12 minutos, hasta que se seque. Para un
curry más húmedo, añada y mezcle la medida de agua, tape
y deje que se haga a fuego lento durante 5 o 6 minutos,
hasta que las hortalizas estén tiernas.

Sírvalo como plato principal con *naan*, chapatis o arroz basmati,
o por sí solo como plato complementario.

Para preparar pan de pita con mantequilla y especias

para servir como acompañamiento, coloque 4 panes
de pita redondos y grandes sobre una bandeja de asar
y caliéntelos bien en un horno precalentado a 180 °C (marca
de gas 4) durante 10 minutos. Mientras tanto, ponga en una
cazuela 100 g de mantequilla, 1 diente de ajo machacado,
½ cucharadita de cilantro molido y una pizca de pimienta
cayena y fríalos a fuego lento durante 3 o 4 minutos, hasta
que el ajo esté tierno y dorado. Saque el pan de pita del
horno y unte bien cada uno con la mezcla de mantequilla
y especias.

tagine de garbanzos

4 raciones
tiempo de preparación
15 minutos
tiempo de cocción **40 minutos**

100 ml de **aceite de oliva
    virgen extra**
1 **cebolla** grande, finamente
    cortada
2 **dientes de ajo**, machacados
2 cucharaditas de **cilantro
    molido**
1 cucharadita de
    comino molido, otra
    de **cúrcuma molida**
    y otra de **canela molida**
1 **berenjena** grande, de unos
    375 g, cortada en dados
una lata de 400 g de **garbanzos**,
    escurridos
una lata de 400 g de **tomates
    troceados**
300 ml de **caldo vegetal**
    (*véase* pág. 58 para caldo
    vegetal casero)
250 g de **champiñones
    pequeños**
75 g de **higos secos**, troceados
2 **cucharadas de** cilantro fresco
    troceado
sal y **pimienta negra**
limón en conserva, troceado,
    para servir

Caliente 2 cucharadas del aceite en una cazuela, añada la cebolla, el ajo y las especias y fríalos a fuego medio, removiendo a menudo, durante 5 minutos, hasta que se doren ligeramente.

Caliente otras 2 cucharadas del aceite en la cazuela, añada la berenjena y fría, removiendo, durante 4 o 5 minutos más, hasta que se dore. Agregue los garbanzos, los tomates y el caldo y, cuando empiece a hervir, reduzca el fuego, tape y deje que se haga lentamente durante 20 minutos.

Mientras, caliente el resto del aceite en una sartén, añada los champiñones y fríalos a fuego medio durante 4 o 5 minutos, hasta que se doren.

Añada los champiñones a la *tagine* junto con los higos y cocínelos durante otros 10 minutos. Incorpore y mezcle el cilantro. Adorne con trozos de limón en conserva y sírvala con cuscús (*véase* a continuación).

Para preparar cuscús con mantequilla para servir como acompañamiento, ponga 250 g de cuscús en un cuenco a prueba de calor y vierta encima 250 ml de caldo vegetal hirviendo. Tape el cuenco con un paño de cocina limpio y déjelo reposar durante 5 minutos o hasta que los granos se hayan hinchado y hayan absorbido todo el líquido. Añada 50 g de mantequilla ablandada cortada en dados y mueva suavemente el cuscús con un tenedor para separar los granos.

ratatouille

8 raciones
tiempo de preparación
10 minutos
tiempo de cocción **30 minutos**

125 ml de **aceite de oliva**

2 **berenjenas** grandes,
cortadas en cuartos a lo largo
y, después, en rodajas de 1 cm

2 **calabacines**, cortados
en rodajas de 1 cm

2 **pimientos rojos grandes**,
sin corazón ni semillas
y cortados en cuadrados

1 **pimiento amarillo** grande,
sin corazón ni semillas
y cortado en cuadrados

2 **cebollas** grandes, cortadas
en rodajas finas

3 **dientes de ajo** grandes,
machacados

2 cucharadas de **puré de tomate**

una lata de 400 g de **tomates
pera**

12 **hojas de albahaca**,
troceadas

1 cucharada de **mejorana** u
orégano, finamente troceados

1 cucharadita de **tomillo**
finamente troceado

1 cucharada de **pimentón**

entre 2 y 4 cucharadas de **perejil**
finamente troceado

sal y **pimienta negra**

Caliente la mitad del aceite en una fuente de asar, en un horno precalentado a 220 °C (marca de gas 7). Añada las berenjenas, los calabacines y los pimientos y revuelva todo bien en el aceite caliente. Vuelva poner la fuente en el horno y deje que se asen durante unos 30 minutos, o hasta que estén tiernos.

Mientras, caliente el resto del aceite en una cazuela profunda, añada las cebollas y el ajo y fríalos a fuego medio durante 3 o 5 minutos, hasta que estén blandos pero sin dorar. Añada el puré de tomate, los tomates pera, las hierbas aromáticas y el pimentón y salpimiente. Remueva bien para mezclar y cocínelo por espacio de 10 o 15 minutos, hasta que la mezcla esté espesa y con una textura como de mermelada.

Traslade las hortalizas de la fuente a la mezcla de tomate con la ayuda de una espumadera. Remueva con suavidad para que mezcle todo y añada el perejil y ajuste el condimento si hace falta. Sírvala caliente o fría con pan crujiente o como acompañamiento de carnes o pollería.

Para preparar tartaletas de *ratatouille*, con un cortador de formas de masa, corte 16 redondeles de cada una de las 2 láminas de masa quebradiza de 30 cm de lado. Presione los redondeles en los agujeros de 2 bandejas de moldes para pastelitos. Pinche las bases con un tenedor y póngalas a enfriar en el frigorífico durante 30 minutos. Mientras tanto, prepare la *ratatouille* como se indica en la receta, pero haga sólo la mitad de la cantidad. Ponga los moldes a cocer en un horno precalentado a 200 °C (marca de gas 6) durante 10 o 12 minutos, hasta que se doren. Con una cuchara, vierta un poco de la *ratatouille* caliente en cada molde, rocíelos con queso parmesano rallado y sírvalos como aperitivo.

pizza de hojaldre con halloumi e higos

2 raciones
tiempo de preparación
10 minutos
tiempo de cocción **25 minutos**

1 lámina de **masa de hojaldre congelada** de 25 cm de lado, descongelada
3 cucharadas de **pesto verde** (*véase* pág. 128 para pesto verde casero)
4 **higos frescos**, cortados en cuartos
200 g de **queso halloumi**, cortado en lonchas finas
50 g de **aceitunas negras sin hueso**, cortadas por la mitad
2 cucharadas de **queso parmesano** recién rallado
unas pocas **hojas de menta**, para decorar
sal y **pimienta negra**

Coloque la masa sobre una bandeja de horno y, con un cuchillo marque un margen de 1 cm a lo largo del borde. Pinche la base con un tenedor y extienda el pesto por todo el centro.

Disponga los higos, el halloumi y las aceitunas encima del pesto y rocíelo todo con el parmesano rallado.

Coloque la bandeja de horno sobre otra bandeja de horno precalentada (esto asegurará que la masa esté crujiente) y póngala a asar en un horno precalentado a 200 °C (marca de gas 6) durante 10 minutos. Reduzca la temperatura a 160 °C (marca de gas 3) y siga asando durante 15 minutos más, hasta que la base esté crujiente. Esparza las hojas de menta como guarnición y sírvala con una ensalada de roqueta.

Para preparar mini-hojaldres, emplee un cortador de formas de masa de 5 cm para cortar redondeles de la lámina de masa de hojaldre. Ponga encima de cada redondel una cucharada de *tapenade* de oliva y una rodaja de higo fresco y, después, reparta 150 g de queso de cabra desmenuzado entre los redondeles. Rócielos con el parmesano y áselos como se indica en la receta durante 8 o 10 minutos. Sírvalos calientes.

suflé de capas de queso y tomate

4 raciones
tiempo de preparación
  15 minutos, más tiempo
  de enfriado
tiempo de cocción
  45-50 minutos

25 g de **mantequilla**,
  más algo extra para untar
1 **diente de ajo**, machacado
1 **cebolla** pequeña, troceada
375 g de **tomates**, pelados
  y troceados
2 cucharaditas de **orégano seco**
de 6 a 8 **aceitunas negras
  sin hueso**, troceadas
sal y **pimienta negra**

para la **mezcla del suflé**
40 g de **mantequilla**
40 g de **harina normal**
300 ml de **nata líquida** o **leche**
3 **huevos** grandes, yema y clara
  separadas
150 g de **queso tierno graso
  con ajo y hierbas aromáticas**,
  desmenuzado

Derrita la mantequilla en una cazuela de fondo pesado, añada el ajo, la cebolla y los tomates y fríalos a fuego lento, removiendo de vez en cuando, durante 3 o 4 minutos. Agregue el orégano y las aceitunas y salpimiente. Retire la cazuela del fuego y deje que se enfríe.

Mientras, para hacer el suflé, derrita la mantequilla en una cazuela, añada la harina y cocínela durante 1 minuto sin dejar de remover. Retire la cazuela del fuego y, poco a poco, añada la nata o la leche, removiendo vigorosamente tras cada adición para asegurarse de que está bien mezclada. Vuelva poner la cazuela en el fuego y llévela a ebullición, sin dejar de remover, hasta que la mezcla se espese. Agregue las yemas de huevo, una por una, y mézclelas bien con el resto. Incorpore el queso y remueva hasta que se haya derretido por completo. Retire la cazuela del fuego y deje que se enfríe.

Bata las claras de huevo en un cuenco grande hasta que alcancen el punto de nieve. Mezcle unas 2 cucharadas de las claras de huevo con la mezcla del queso y después, con cuidado, haga lo mismo con el resto de la clara con una cuchara de metal.

Unte con mantequilla una fuente de suflé de 1,5 l y colóquela sobre una bandeja de horno. Extienda la mezcla de tomate fría en la fuente y cúbrala con la mezcla del suflé. Póngalo a asar de inmediato en un horno precalentado a 190 °C (marca de gas 5) por espacio de 35 o 40 minutos, hasta que se haya elevado bien y dorado. Sírvalo inmediatamente.

tarta de queso y espinaca

4 raciones
tiempo de preparación
10 minutos
tiempo de cocción **25 minutos**

50 g de **mantequilla**
1 **cebolla** pequeña, finamente
    troceada
1 **diente de ajo**, machacado
2 cucharaditas de **tomillo**
    troceado
250 g de **hojas de espinaca
    congeladas**, descongeladas
175 ml de **nata líquida**
2 **huevos**, batidos
25 g de **queso parmesano**,
    recién rallado
1 **molde de tarta de masa
    de hojaldre congelada** de
    20 cm (sin descongelar)
sal y **pimienta negra**

Derrita la mantequilla en una sartén grande, añada la cebolla, el ajo, el tomillo y salpimiente, y fríalos durante 5 minutos. Estruje la espinaca para escurrir todo el exceso de agua, añádala a la sartén y cocínela, removiendo durante 2 o 3 minutos hasta que esté bien caliente por todo.

Bata juntos la nata, los huevos, el queso y una pizca de sal y pimienta. Con una cuchara grande, vierta la mezcla de la espinaca en el molde de tarta, luego vierta encima con cuidado la mezcla de la nata y póngala a asar en un horno precalentado a 200 °C (marca de gas 6) durante 20 minutos, hasta que haya cuajado. Sírvala con una ensalada verde.

Para preparar tarta de champiñones y nata agria, cocine la cebolla, el ajo y el tomillo con la mantequilla, añada a la sartén 375 g de champiñones pequeños cortados por la mitad y fríalos hasta que se doren. Omita la espinaca y prosiga como se indica en la receta, pero sustituya la nata líquida por 175 ml de nata agria.

fondue de queso al horno

4 raciones
tiempo de preparación **5 minutos**
tiempo de cocción
  12-15 minutos

1 **queso Camembert** entero,
  de unos 200 g
1 cucharada de **aceite de oliva
  virgen extra**
1 cucharada de **miel clara**
2 cucharaditas de **hojas de
  tomillo** troceadas, más unas
  pocas más para guarnición
1 **baguette**, cortada
  en rebanadas
250 g de **tomates cherry**
1 **manzana** o **pera** para confitar,
  cortada en gajos
sal y **pimienta negra**

Ponga el Camembert sobre una bandeja de horno forrada
con papel de aluminio. Vierta por encima el aceite y la miel
y rocíelo con el tomillo y salpimiente.

Áselo en un horno precalentado a 200 °C (marca de gas 6)
durante 12 a 15 minutos, hasta que el queso esté borboteando
y a punto de desbordarse de su piel.

Trasládelo a un fuente, con mucho cuidado, y sírvalo con
el pan, los tomates y la fruta para mojarlos en el queso fundido.

**Para preparar una *fondue* de queso al horno con frutas
y frutos secos**, prepare y ase el queso como se indica en
la receta y corónelo con 2 higos frescos cortados en cuartos
y 2 cucharadas de pacanas tostadas y toscamente troceadas.

asado de pasta al queso con champiñones

4 raciones
tiempo de preparación
   10 minutos
tiempo de cocción
   35-40 minutos

aceite de oliva en espray,
   para untar
3 cucharadas de **aceite de oliva virgen extra**
1 **cebolla,** finamente troceada
2 **dientes de ajo,** machacados
2 cucharaditas de **salvia** troceada
250 g de **champiñones pequeños,** cortados en cuartos
500 g de **salsa de queso**
   (*véase* más abajo para salsa de queso casera)
375 g de *penne* secos
2 cucharadas de **perejil** troceado
4 cucharadas de **queso parmesano** recién rallado
sal y **pimienta negra**

Unte ligeramente con aceite en espray 4 fuentes de asar de 300 ml. Caliente 1 cucharada del aceite de oliva en una sartén, añada la cebolla, el ajo, la salvia, salpimiente al gusto y fríalos a fuego lento durante 10 minutos, hasta que se ablanden. Agregue el resto del aceite y aumente el fuego a rápido. Incorpore los champiñones y fríalos, removiendo durante 3 o 4 minutos, hasta que se doren.

Añada la salsa de queso y caliéntela a fuego lento durante 2 o 3 minutos, hasta que empiece a borbotear.

Mientras, sumerja la pasta en una olla grande con agua hirviendo ligeramente salada. Espere a que vuelva a hervir y deje que se haga durante 10 o 12 minutos, o hasta que esté *al dente.* Escúrrala bien y vuelva a ponerla en la olla.

Vierta la salsa sobre la pasta junto con el perejil y salpimiente. Remueva bien.

Reparta la pasta entre las fuentes preparadas y esparza por encima el parmesano. Póngala a asar en un horno precalentado a 190 °C (marca de gas 5) por espacio de 15 o 20 minutos, hasta que borbotee y se dore. Sírvala con una ensalada verde crujiente.

Para preparar salsa de queso casera, derrita 50 g de mantequilla sin sal en una cazuela, añada 50 g de harina normal y cocínelo a fuego lento, removiendo durante 1 minuto hasta que se dore. Gradualmente, añada y mezcle con ello 600 ml de leche y cocínelo sin dejar de remover hasta que la salsa esté uniforme. Deje que llegue a ebullición, removiendo, y entonces reduzca el fuego y deje que se haga lentamente durante 2 minutos. Incorpore sal y pimienta al gusto y retire la cazuela del fuego. Añada inmediatamente 100 g de queso cheddar rallado y remueva.

pasteles de *risotto* con castaña

4 raciones
tiempo de preparación
10 minutos, más tiempo
de remojado
tiempo de cocción **20 minutos**

15 g de **champiñones porcini secos**
1 cucharada de **aceite de oliva**
175 g de **arroz *risotto***
600 ml de **caldo vegetal** caliente (*véase* pág. 58 para caldo vegetal casero)
50 g de **mantequilla**
1 **cebolla**, troceada
3 **dientes de ajo**, machacados
200 g de **castañas cocidas peladas**, troceadas
75 g de **queso parmesano**, recién rallado
1 **huevo**, levemente batido
50 g de **polenta**
aceite vegetal, para fritura superficial
sal y **pimienta negra**
gajos de limón, para adornar

Ponga los champiñones secos en un cuenco a prueba de calor y cúbralos con agua hirviendo. Déjelos en remojo mientras prepara el arroz.

Caliente el aceite de oliva en una cazuela de fondo pesado, añada el arroz y remueva bien para que quede bien recubierto de aceite. Agregue el caldo caliente y lleve a ebullición, reduzca el fuego, tápelo parcialmente y deje que se haga lentamente, removiendo a menudo, durante 12 o 15 minutos, hasta que el arroz esté tierno y haya absorbido todo el caldo. Trasládelo a un cuenco.

Mientras, derrita la mantequilla en una cazuela, añada la cebolla y el ajo y fríalos a fuego lento durante 5 minutos.

Escurra y corte los champiñones remojados y, después, añádalos al arroz junto con la mezcla de la cebolla, las castañas, el parmesano y el huevo. Remueva hasta que se mezcle todo bien y salpimiente.

Divida la mezcla en 12 porciones. Forme con cada una un pastel y rebócelo en la polenta. Caliente una capa superficial de aceite vegetal en una sartén, añada los pasteles y fríalos durante 2 minutos por cada lado, hasta que se doren. Adorne cada ración con un gajo de limón y sírvalas inmediatamente con hojas de ensalada mixtas.

cuscús de hortalizas asadas y hierbas aromáticas

6 raciones
tiempo de preparación
15 minutos, más tiempo
de remojado
tiempo de cocción **25 minutos**

500 g de **calabaza**, pelada,
despojada de semillas
y cortada en dados
4 **calabacines**, cortados
en dados
1 **cebolla morada**, cortada
en gajos
75 ml de **aceite de oliva virgen
extra**
200 g de **cuscús**
250 ml de **agua hirviendo**
250 g de **tomates cherry**,
cortados por la mitad
2 cucharadas de **cilantro fresco**,
otras 2 de **menta fresca**
y otras 2 de **perejil fresco**,
todos ellos troceados
el **zumo** de 1 **limón**
sal y **pimienta negra**

Ponga la calabaza, los calabacines y la cebolla en una fuente de asar con 2 cucharadas del aceite, salpimiente y remueva bien para mezclar.

Póngalo a asar en un horno precalentado a 220 °C (marca de gas 7) durante 25 minutos, hasta que todas las hortalizas estén hechas.

Mientras, ponga el cuscús en un cuenco a prueba de calor y vierta encima la medida de agua hirviendo. Cubra el cuenco con un paño de cocina limpio y déjelo reposar durante 5 minutos o hasta que los granos se hayan hinchado y hayan absorbido toda el agua.

Ahueque el cuscús suavemente con un tenedor y añada las hortalizas asadas, los tomates cherry, las hierbas y remueva bien.

Bata juntos en un bol el resto del aceite, el zumo de limón y sal y pimienta al gusto, mézclelo bien con la ensalada.

Para preparar *kebabs* **de hortalizas con cuscús a las hierbas**, corte 4 calabacines en pedazos y 1 cebolla morada en gajos. Quite a 1 pimiento rojo el corazón y las semillas y córtelo en pedazos. Ensarte las hortalizas en broquetas de metal entremezcladas con 16 champiñones pequeños, úntelas con aceite de oliva y salpimiéntelas. Cocínelas bajo un grill fuerte precalentado durante 8 o 10 minutos, volviéndolos una vez a media cocción, hasta que estén levemente chamuscados por fuera y hechos por dentro. Haga el cuscús como se indica en la receta y sírvalo con los *kebabs*.

ensalada de judías, queso de cabra y frutos secos

4 raciones
tiempo de preparación
10 minutos
tiempo de cocción **3 minutos**

500 g de **judías verdes finas**
150 g de **queso de cabra**, desmenuzado
100 g de **pacanas**, tostadas
125 g de **hojas de roqueta tiernas**
1 puñado grande de **hojas de perejil de hoja lisa**

para la **salsa**
3 cucharadas de **aceite de nuez**
1 cucharada de **aceite de oliva virgen extra**
1 cucharada de **vinagre de jerez**
1 cucharadita de **azúcar lustre**
1 **diente de ajo** pequeño, machacado
sal y **pimienta negra**

Cocine las judías durante 3 minutos en una cazuela con agua hirviendo ligeramente salada.

Escurra bien las judías y enfríelas bajo el chorro de agua fría. Vuelva a escurrirlas y séquelas desde arriba con un paño limpio. Póngalas en un cuenco con el queso de cabra, las pacanas, la roqueta y el perejil.

Haga la salsa. Bata juntos los ingredientes en un bol. Añádala a la ensalada, revuelva bien y sírvala.

Para preparar ensalada de judías y frutos secos con salsa de queso de cabra, prepare la ensalada como se indica en la receta, pero omita el queso de cabra. Ponga 100 g de queso de cabra desmenuzado en un cuenco, añada 1 cucharada de vinagre de vino de frambuesa, 2 cucharaditas de miel clara, 125 ml de aceite de oliva virgen extra, 2 cucharadas de agua hirviendo, salpimiente y remueva bien. Vierta la salsa sobre la ensalada y sírvala.

ensalada caliente de lentejas y queso de cabra

4 raciones
tiempo de preparación
10 minutos
tiempo de cocción
20-30 minutos

2 cucharaditas de **aceite de oliva**

2 cucharaditas de **semillas de comino**

2 **dientes de ajo**, machacados

2 cucharaditas de **raíz de jengibre fresca** rallada

125 g de **lentejas de Puy**

750 ml de **caldo vegetal** (*véase* pág. 58 para caldo vegetal casero)

2 cucharadas de **menta** troceada

2 cucharadas de **cilantro fresco** troceado

½ **lima**

150 g de **hojas de espinaca tiernas**

125 g de **queso de cabra**, desmenuzado

pimienta negra

Caliente el aceite en una cazuela, añada las semillas de comino, el ajo y el jengibre y fríalos a fuego medio, removiendo, durante 1 minuto.

Añada las lentejas y cocine durante 1 minuto más.

Incorpore gradualmente el caldo (un cucharón grande cada vez) y cocine, removiendo, hasta que cada adición se haya absorbido antes de añadir la siguiente. Prosiga de este modo hasta que todo el caldo se haya absorbido. Esto debería llevar entre 20 y 30 minutos. Retire la olla del fuego, añada la menta y el cilantro y un chorrito de zumo de lima y remueva bien.

Reparta las hojas de espinaca entre 4 cuencos individuales, ponga encima una cuarta parte de las lentejas y el queso de cabra y rocíe con pimienta; y ya se podrá servir.

Para preparar ensalada de lentejas con halloumi al grill, prepare la ensalada de lentejas como se indica en la receta, pero omita el queso de cabra y sustituya la espinaca por 150 g de hojas de roqueta. Corte 250 g de queso halloumi en 8 lonchas. Ponga en el fuego una sartén antiadherente hasta que esté bien caliente, ponga en ella las lonchas de queso y cocínelas a fuego rápido durante 1 minuto por cada cara, hasta que queden levemente chamuscadas y tiernas. Disponga las lonchas de halloumi sobre la ensalada, exprima encima el zumo de ½ limón y vierta un poco de aceite de oliva virgen extra.

ensalada de boniato asado

4 raciones
tiempo de preparación
15 minutos, más tiempo
de enfriado
tiempo de cocción
30-35 minutos

500 g de **boniatos**, pelados
y cortados en cubos
2 cucharadas de **aceite de oliva
virgen extra**
1 cucharadita de **cilantro molido**
½ cucharadita de **comino
molido**
½ cucharadita de **canela molida**
175 g de **judías verdes**
150 g de **hojas tiernas
de espinaca**
50 g de **pistachos sin cáscara**,
tostados
sal y **pimienta negra**

para la **salsa**
2 cucharadas de **yogur natural**
1 **diente de ajo** pequeño,
machacado
1 **guindilla roja grande**, sin
semillas y finamente troceada
1 cucharadita de **miel clara**
50 ml de **aceite de oliva
virgen extra**

Ponga los boniatos en una fuente de asar. Mezcle en un bol el aceite y las especias, y salpimiente; viértalo sobre los boniatos y remueva bien para que queden recubiertos.

Áselos en un horno precalentado a 220 ºC (marca de gas 7) durante 30 o 35 minutos, removiendo una vez hacia la mitad, hasta que estén dorados y tiernos. Déjelos enfriar durante 30 minutos.

Mientras, escalde las judías en una cazuela con agua hirviendo ligeramente salada durante 2 o 3 minutos, justo hasta que se pongan tiernas. Escúrralas y enfríelas bajo el chorro de agua fría. Vuelva a escurrirlas y séquelas desde arriba con un paño limpio.

Ponga las judías en un cuenco grande con los boniatos ya fríos, las hojas de espinaca y los pistachos.

Haga la salsa. Mezcle en un cuenco el yogur, el ajo, la guindilla, el zumo de limón la miel y salpimiente. Añada el aceite y remueva hasta que se mezcle bien. Viértala sobre la ensalada, remueva bien y sírvala.

Para preparar salsa de sésamo y soja, como alternativa para la ensalada, bata juntas en un bol 2 cucharadas de aceite de oliva, 2 cucharaditas de aceite de sésamo, 1 cucharada de salsa de soja clara, 1 cucharadita de miel clara y un poco de pimienta. Prepare la ensalada como se indica en la receta y sírvala regada con la salsa y con 2 cucharadas de semillas de sésamo tostadas.

postres y pasteles fáciles

cremas de limón con frambuesas

4 raciones
tiempo de preparación
5 minutos, más tiempo
de enfriado y reposado
tiempo de cocción **5 minutos**

400 ml de **nata espesa**
100 g de **azúcar lustre**
100 ml de **zumo de limón**
50 g de **frambuesas frescas**
2 cucharadas de **azúcar lustre**

Caliente juntas la nata y el azúcar lustre en una cazuela hasta que el azúcar se haya disuelto. Deje que llegue a ebullición, reduzca el fuego y deje que se haga lentamente durante 3 minutos.

Retire la cazuela del fuego, añada el zumo de limón e inmediatamente viértalo en 4 tarrinas de 150 ml. Póngalas a un lado para que se enfríen del todo y déjelas en el frigorífico durante toda la noche.

Mezcle en un cuenco las frambuesas y el azúcar lustre y deshágalas ligeramente. Déjelas reposar durante 30 minutos, hasta que estén realmente jugosas. Con una cuchara, vierta la mezcla de las frambuesas sobre las cremas de limón y sírvalas con galletas de canela crujientes (*véase* más abajo).

Para preparar galletas de canela crujientes para servir como acompañamiento, pinte ligeramente 2 bandejas de horno con aceite de oliva en espray. Ponga en un robot de cocina o una batidora 250 g de mantequilla sin sal ablandada, 125 g de azúcar lustre, 1 cucharada de leche, 300 g de harina con levadura y 1 cucharadita de canela molida y bata hasta conseguir una masa uniforme. Forme unas bolas con pequeños trozos de la masa y aplánelas hasta formar discos de 5 cm de diámetro. Colóquelos en las bandejas de asar preparadas y áselos en un horno precalentado a 180 °C (marca de gas 4) por espacio de 12 o 15 minutos, hasta que estén ligeramente dorados. Déjelos enfriar en las bandejas durante 5 minutos y, después, trasládelos a una rejilla de horno para que se enfríen del todo.

púdines pegajosos de *toffee*

4 raciones
tiempo de preparación
10 minutos
tiempo de cocción
25-30 minutos

aceite de oliva en espray,
para untar
2 cucharadas de **jarabe dorado**
2 cucharadas de **melaza negra**
150 g de **mantequilla,**
ablandada
2 cucharadas de **nata espesa**
2 **huevos**, batidos
100 g de **harina con levadura**
50 g de **nueces,** ligeramente
tostadas y trituradas

Unte con aceite en espray 4 moldes de pastel de 200 ml.
En una cazuela, caliente juntos el jarabe dorado, la melaza
y 50 g de la mantequilla hasta que se derritan. Reparta
la mitad de la mezcla entre los moldes preparados. Añada
nata a la otra mitad, remueva y póngala a un lado.

Ponga el resto de la mantequilla y el azúcar en un robot de
cocina y bátalos brevemente. Agregue los huevos y la harina
y bata de nuevo durante 30 segundos. Añada las nueces y
remueva bien.

Vierta la mezcla de bizcocho en los moldes para cubrir
la mezcla del jarabe con la ayuda de una cuchara grande.

Coloque los moldes sobre una bandeja de asar y cuézalos en
un horno precalentado a 180 °C (marca de gas 4) por espacio
de 25 o 30 minutos, hasta que hayan subido y estén dorados.

Saque los moldes del horno y déjelos reposar 5 minutos.
Mientras tanto, caliente el resto de la mezcla de la melaza.
Saque los púdines de sus moldes y vierta encima la
melaza. Sírvalos con natillas (*véase* pág. 218 para natillas
caseras) o nata cuajada.

Para preparar pudines pegajosos de dátiles y naranja,
prepare la mezcla del jarabe dorado, repartiendo la mitad
entre los moldes y mezclando el resto con nata, como
se indica en la receta. Procese el resto de la mantequilla
y el azúcar y después añada los huevos y la harina, como
se indica en la receta. Incorpore y mezcle 125 g de de dátiles
finamente troceados, la piel rallada de 1 naranja y 25 g de
pacanas trituradas. Vierta la mezcla con una cuchara sobre
el jarabe y ponga los moldes a asar como se indica en la
receta. Sírvalos con la melaza calentada, como en la receta.

pudin de verano

8 raciones
tiempo de preparación
15 minutos, más tiempo
de enfriado
tiempo de cocción
10-15 minutos

250 g de **grosellas rojas
frescas** o **congeladas**
(si es así, descongeladas),
más unos racimos extra
para decorar (opcional)
125 g de **azúcar lustre**
250 g de **fresas frescas**
o **congeladas** (si es así,
descongeladas)
250 g de **frambuesas frescas**
o **congeladas** (si es así,
descongeladas)
8 rebanadas de **pan blanco**,
sin la corteza

Ponga las grosellas y el azúcar en una cazuela de fondo pesado y cocínelas a fuego lento, removiendo de vez en cuando, durante 10 o 15 minutos, hasta que se pongan tiernas. Añada las fresas y las frambuesas, retire la cazuela del fuego y deje que se enfríen. Cuele la fruta y reserve el jugo.

Corte 3 redondeles de pan del mismo diámetro que el fondo de un molde de pudin de 900 ml. Manipule el resto del pan hasta darle una forma que encaje en torno a la pared interna del molde. Empape todo el pan con el jugo de fruta reservado.

Recubra el fondo del molde con uno de los redondeles y después disponga el pan manipulado en torno a la pared interna. Vierta en el molde la mitad de la fruta y coloque encima otro redondel de pan. Cubra éste con el resto de la fruta y, finalmente, corónelo con el tercer redondel de pan.

Cubra el pudin con un plato lo bastante pequeño como para encajar dentro del molde y ponga encima un peso de 500 g. Póngalo a refrigerar en el frigorífico durante toda la noche.

Vuélquelo sobre un plato de servir, vierta encima todo resto de jugo de fruta y, si lo desea, decore la parte superior con unos pocos racimos de grosellas colocados en el centro. Sírvalo con nata batida o semilíquida.

pudin de chocolate y frambuesas

6 raciones
tiempo de preparación
15 minutos
tiempo de cocción
40-45 minutos

aceite de oliva en espray,
  para untar
175 g de **frambuesas frescas**
125 g de **harina con levadura**
40 g de **cacao en polvo**
100 g de **azúcar lustre**
250 g de **leche**
75 g de **mantequilla sin sal**
2 **huevos**, batidos

para la **cubierta**
75 g de **azúcar lustre**
75 g de **azúcar moreno claro**
2 cucharadas de **cacao en polvo**
350 ml de **agua hirviendo**
azúcar lustre, para espolvorear

Unte ligeramente con aceite en espray una fuente de horno de 1 l. Esparza las frambuesas sobre el fondo de la fuente.

Tamice la harina y el polvo de cacao sobre un cuenco, añada el azúcar lustre y remueva. Haga un hueco en el centro y bata en él la leche, la mantequilla derretida y los huevos, y finalmente el resto hasta formar una masa (debería ser algo fluida). Vierta la mezcla en la fuente, cubriendo con ella las frambuesas.

Haga la cubierta. Mezcle los azúcares y el cacao en polvo y espárzalos sobre la mezcla del chocolate. Con mucho cuidado, vierta la medida de agua hirviendo por encima lo más uniformemente posible.

Póngalo a asar en un horno precalentado a 180 °C (marca de gas 4) por espacio de 40 o 45 minutos, hasta que el pudin esté firme al tacto y aparezcan algunas «burbujas» de salsa en la parte superior. Déjelo reposar durante 5 minutos, espolvoréelo con azúcar lustre y sírvalo.

Para preparar pudin de chocolate y naranja, haga la mezcla de pudin de chocolate como se indica en la receta, pero omita las frambuesas. Vierta la mezcla en la fuente de asar. Para la cubierta, mezcle los azúcares y el cacao en polvo y espárzalos sobre la mezcla del pudin, como se indica en la receta. Vierta en una cazuela 350 ml de zumo de naranja y llévelo al punto de ebullición. Añada y mezcle 2 cucharadas de Cointreau o brandy y viértalo sobre la mezcla del pudin. Áselo en el horno, tal como se indica en la receta, espolvoree con azúcar lustre y sírvalo con nata batida.

pudin de arroz veneciano

4 raciones
tiempo de preparación
10 minutos, más tiempo
de remojado
tiempo de cocción
20-30 minutos

75 g de **sultanas**
3 cucharadas de **jerez semiseco**
(opcional)
600 ml de **leche**
semidesnatada caliente
150 ml de **nata espesa**
1 **vaina de vainilla**, abierta
a lo largo, o 2 cucharaditas
de **extracto de vainilla**
50 g de **azúcar lustre**
½ cucharadita de **especias**
mixtas molidas
la **piel** rallada de 1 **limón**
125 g de **arroz** *risotto*
tiras de **piel de limón**,
para decorar

Ponga las sultanas en un cuenco con el jerez (si lo usa) y déjelas en remojo mientras prepara el *risotto*.

Ponga en una cazuela la leche, la nata, la vaina o el extracto de vainilla, el azúcar, las especias mixtas y la piel de limón rallada y llévelos casi a ebullición.

Añada el arroz a la cazuela y cocínelo al fuego mínimo, removiendo a menudo, por espacio de 20 o 30 minutos, hasta que el arroz esté cremoso pero los granos todavía firmes.

Agregue las sultanas y el jerez (si lo usa) del cuenco, remueva bien y sírvalo caliente o frío, decorado con las tiras de limón.

Para preparar pudin de arroz y coco con mango, ponga en una cazuela 150 g de arroz de grano corto, 1 l de leche de coco y 50 g de azúcar lustre. Llévelo hasta el punto de ebullición, reduzca el fuego y deje que se haga lentamente, removiendo de vez en cuando, durante 25 o 30 minutos, hasta que el arroz esté tierno y haya absorbido toda la leche. Con una cuchara, repártalo entre los boles y sírvalos coronados con un mango pelado, deshuesado y cortado en rodajas y con un chorrito de miel clara.

crumble (pastel suelto) de bayas y muesli

4 raciones

tiempo de preparación
10 minutos

tiempo de cocción **20 minutos**

aceite de oliva en espray,
  para untar
150 g de **arándanos frescos**
150 g de **fresas frescas**,
  despojadas de la corona
  y cortadas por la mitad
2 **melocotones**, cortados
  en cuartos, deshuesados
  y, después, cortados en rodajas
4 cucharadas de **zumo**
  de naranja
2 cucharadas de **azúcar moreno**
  claro y blando
25 g de **mantequilla**, cortada
  en dados
250 g de **muesli de buena**
  calidad
1 cucharada de **harina normal**
4 cucharadas de **nata líquida**,
  más algo extra para servir

Unte ligeramente con aceite en espray 4 moldes de pastel de 250 ml. Mezcle en un cuenco las bayas, los melocotones, el zumo de naranja y el azúcar y reparta la mezcla entre los 4 moldes. Añada la mitad de la mantequilla a los moldes.

Ponga el muesli en un cuenco, agregue la harina la nata y remueva hasta que el muesli quede bien humedecido. Espárzalo por encima de la mezcla de frutas, en los moldes, y añada el resto de la mantequilla.

Coloque los moldes sobre una bandeja de horno y póngalos a asar en un horno precalentado a 180 °C (marca de gas 4) durante 20 minutos, hasta que la cubierta de muesli esté dorada y la fruta borboteando. Sírvalo con nata.

Para preparar *crumble* de manzanas y moras, ponga en una cazuela 500 g de manzanas peladas y cortadas en dados y 125 g de moras frescas o congeladas con 2 cucharadas de azúcar lustre, 25 g de mantequilla, 1 cucharadita de canela molida y 4 cucharadas de agua. Caliéntelo bien durante 5 minutos, hasta que la mantequilla se haya derretido y la fruta ablandado. Reparta la mezcla entre los moldes untados, añada la cubierta de muesli y áselo como se indica en la receta. Sírvalo con natillas (*véase* pág. 218 para natillas caseras).

tarta de manzana de forma libre

4 raciones
tiempo de preparación
10 minutos
tiempo de cocción
20-25 minutos

1 lámina grande de **masa
quebradiza**, de 30 cm de lado,
descongelada si es congelada
500 g de **manzanas Granny
Smith** peladas, sin el corazón
y cortadas en gajos finos
50 g de **uvas pasas**
25 g de **azúcar moreno
claro y blando**
25 g de **mantequilla**, derretida
½ cucharadita de **canela molida**
1 cucharada de **leche**
1 cucharada de **azúcar lustre**,
más algo extra para servir

Coloque la lámina de masa sobre una bandeja de horno previamente forrada de papel de horno y recorte cada esquina hasta formar una pieza de masa aproximadamente redonda.

Mezcle en un cuenco las manzanas, las uvas pasa,0s, el azúcar moreno, la mantequilla derretida y la canela hasta que estén uniformemente combinadas. Con una cuchara grande, vierta la mezcla sobre la masa, disponiéndola en círculo y dejando un margen libre de 2,5 cm en el borde. Doble el borde hacia arriba e inclínelo sobre el relleno para formar una pared de contención. Unte la masa con la leche y espolvoréela con el azúcar lustre.

Póngala a cocer en un horno precalentado a 180 °C (marca de gas 4) durante 20 o 25 minutos, hasta que la masa esté dorada y, la fruta, tierna. Espolvoréela con el azúcar lustre sobrante y sírvala con natillas (*véase* más abajo).

Para preparar natillas caseras, para servir como acompañamiento, ponga en una cazuela 600 ml de leche y 1 vaina de vainilla, abierta a lo largo, y caliéntelas a fuego lento hasta alcanzar el punto de ebullición. Retire la cazuela del fuego y déjela macerar durante 15 minutos. Retire la vaina de vainilla. Bata juntas en un cuenco 6 yemas de huevo y 2 cucharadas de azúcar lustre hasta que formen una pasta pálida y cremosa; añada la leche macerada y remueva. Vuelva a poner la mezcla en la cazuela y cocínela, sin dejar de remover, hasta que se espese lo bastante como para cubrir la cara trasera de la cuchara. No deje que las natillas hiervan o se cortarán. Sírvalas calientes.

pudin de pan y mantequilla

4 raciones
tiempo de preparación
15 minutos
tiempo de cocción
30-40 minutos

4 rebanadas finas de **pan blanco
de ayer**
50 g de **mantequilla sin sal**, más
algo extra para untar
50 g de **sultanas**
25 g de **piel de limón y naranja**
finamente troceada (opcional)
la **piel** rallada de 1 **limón**
300 ml de **nata líquida** y 300 ml
de **leche,** o 600 ml de **leche**
2 **huevos**, más 2 **yemas
de huevo**
25 g de **azúcar granulada**
½ cucharadita de **nuez
moscada** recién rallada
1 o 2 cucharadas de **mermelada
(o jalea) de agrios**, calentada

Extienda la mantequilla en las rebanadas de pan y
corte cada una en 4 triángulos. Coloque una capa de pan
en la base de una fuente para pasteles de 1 l. Esparza
por encima las sultanas, las pieles troceadas (si las usa)
y la piel rallada de limón y cúbralo con las restantes
rebanadas de pan.

Bata en un cuenco la nata (si la usa) con la leche, los huevos,
las yemas de huevo y el azúcar. Vierta la mezcla sobre el pan.
Tápelo y deje que repose durante 30 minutos.

Rocíe la nuez moscada sobre la superficie y póngalo a asar
en un horno precalentado a 180 °C (marca de gas 4), por
espacio de 30 o 40 minutos.

Retírelo del horno y unte la parte superior con la mermelada
caliente. Sírvalo caliente, con nata o compota de frutas
si lo desea.

Para preparar compota de bayas de verano para servir
con el pudin, ponga en una cazuela grande 500 g de bayas
de verano mixtas (tales como moras, grosellas negras y
frambuesas), 50 g de azúcar lustre, la piel rallada y el zumo
de ½ limón y ¼ de cucharadita de especias mixtas molidas.
Caliéntelo lentamente hasta que el azúcar se haya disuelto
y déjelo hervir a fuego muy lento durante 5 o 10 minutos,
hasta que las frutas estén suaves y jugosas.

tiramisú con chocolate blanco

4 raciones
tiempo de preparación
10 minutos, más tiempo
de enfriado

100 ml de **café negro** recién
hecho, enfriado
3 cucharadas de **Frangelico**
100 g de **bizcocho comprado**
450 ml de **nata espesa**
2 cucharadas de **azúcar lustre**
3 **claras de huevo**
50 g de **chocolate blanco,**
rallado

Mezcle el café y el Frangelico. Corte el bizcocho en cubos
y reparta la mitad de los cubos entre 4 vasos. Añada a cada
vaso 1 cucharada de la mezcla del café.

Bata en un cuenco la nata con el azúcar y la mitad de la
mezcla del café restante, hasta que adquiera una textura
similar al punto de nieve.

Bata las claras de huevo en un cuenco aparte hasta alcanzar
el punto de nieve y añádalas cuidadosamente a la mezcla
de la nata.

Vierta con una cuchara la mitad de la mezcla de la nata en
4 vasos y ponga sobre ella el resto de los cubos de bizcocho,
la mezcla del café y el resto de la mezcla de la nata. Rocíelos
con el chocolate y enfríelos en el frigorífico durante 1 hora.

**Para preparar tiramisú de frambuesa y chocolate
oscuro,** mezcle el café como se indica en la receta con
3 cucharadas de kirsch. Reparta los cubos de bizcocho
entre 4 vasos y añada 1 cucharada de la mezcla del café
y unas pocas frambuesas frescas a cada uno. Haga la mezcla
de la nata y componga los postres como se indica en la
receta. Agregue 3 frambuesas más a cada uno y rocíe
por encima chocolate oscuro simple rallado.

macedonia de frutas con jarabe de flores de saúco

4 raciones
tiempo de preparación
  5 minutos, más tiempo
  de enfriado y reposado
tiempo de cocción **5 minutos**

150 ml de **zumo de naranja**
50 ml de **jarabe de flores
  de saúco**
1 **vaina de vainilla**, abierta
  a lo largo
200 g de **arándanos frescos**
200 g de **fresas frescas**,
  despojadas de la corona
  y cortadas por la mitad
200 g de **frambuesas frescas**
150 g de **uvas sin semillas**
2 **naranjas**, en gajos

Mezcle el zumo de naranja, el jarabe de flores de saúco y la vaina de vainilla en una cazuela y cocínelos a fuego lento. Justo cuando empiecen a hervir, reduzca el fuego y deje que hiervan lentamente durante 5 minutos. Retire la cazuela del fuego y deje que se enfríe durante 30 minutos

Ponga todas las frutas en un cuenco y mézclalas suavemente. Añada la mezcla del jarabe y déjela reposar durante 15 minutos. Sírvala en boles con mantecadas.

Para preparar macedonia de frutas con agua de rosas y miel, ponga en una cazuela 3 cucharadas de miel clara, 150 ml de agua fría y 1 o 2 cucharadas de agua de rosas y caliéntelas a fuego lento. Justo cuando empiecen a hervir, reduzca el fuego y deje que hiervan lentamente durante 5 minutos. Retire la cazuela del fuego y déjela enfriar durante 30 minutos. Vierta el contenido sobre la mezcla de frutas, como se indica en la receta, y sírvalo decorado con pétalos de rosa.

plátanos en *papillote*

4 raciones
tiempo de preparación
2-3 minutos
tiempo de cocción **3-4 minutos**

mantequilla, para untar
4 **plátanos** pequeños firmes
1 **palito de canela,** cortado
    en cuatro partes
4 **estrellas de anís**
1 **vaina de vainilla,** cortada
    en cuatro partes
2 cucharadas de **algarroba**
    rallada
75 ml de **zumo de piña**

Unte ligeramente con mantequilla 4 pedazos de papel de aluminio o papel de horno, cada uno de ellos lo bastante grande como para en volver un plátano. Ponga un plátano en el centro y añada un trozo de palito de canela, 1 estrella de anís y un trozo de vaina de vainilla.

Rocíe cada uno con algarroba rallada y zumo de piña. Cierre los bordes del papel para formar paquetes.

Traslade los paquetes a una bandeja de asar y póngalos a asar en un horno precalentado a 230 °C (marca de gas 8) durante 3 o 4 minutos. Si lo prefiere, cocínelo sobre una barbacoa precalentada o en el borde de una hoguera; en ambos casos, emplee papel de aluminio de doble grosor para evitar derramamientos. Sírvalos con crema fresca o queso mascarpone.

Para preparar plátanos con salsa de *toffee* y pacana, caliente en una cazuela a fuego lento 75 g de mantequilla sin sal, 75 ml de jarabe de arce y 75 ml de nata espesa, hasta que la mantequilla se haya derretido. Aumente el calor y deje que hierva con viveza durante 5 minutos, hasta que la salsa se haya espesado. Añada 75 g de pacanas tostadas troceadas, remueva y deje que hierva durante 1 minuto más. Póngalo a un lado a enfriar por espacio de 15 o 20 minutos. Sirva la salsa caliente vertida sobre 4 plátanos maduros pelados y cortados en rodajas o sobre plátanos cocinados con las especias, como se indica en la receta.

tarta de helado de caramelo

8-10 raciones
tiempo de preparación
10 minutos, más tiempo
de reposado, enfriado
y congelado

1 l de **helado de vainilla
de buena calidad**
250 g de **galletas** *digestive*,
desmenuzadas
75 g de **mantequilla**, derretida
200 g de **dulce de caramelo
con mantequilla (***butterscotch
fudge***) blando**
2 cucharadas de **nata líquida**

Saque el helado del congelador y déjelo reposar a temperatura
ambiente por espacio de 30 o 45 minutos, hasta que esté
bien blando.

Mientras tanto, ponga las galletas desmenuzadas en un cuenco,
añada la mantequilla derretida y mézclelas bien hasta que
las galletas se humedezcan. Ponga la mezcla de galleta en
un molde de tarta redondo desmontable y presione el fondo
y los lados hasta estirarlos para formar unos lados de 2,5 cm.
Póngalo a enfriar en el frigorífico durante 20 minutos.

Ponga el dulce de caramelo y la nata en una cazuela y
caliéntelos a fuego lento, removiendo, hasta que el caramelo
se haya derretido. Con cuidado, extienda dos tercios de
esta mezcla sobre el molde de galleta. Con una cuchara
grande, vierta el helado por encima y nivele la superficie.

Rocíe el resto del caramelo sobre el helado, con una cuchara,
y ponga la tarta a congelar durante 4 horas. Sáquela del molde
por abajo y sírvala en porciones triangulares.

Para preparar tarta de chocolate y caramelo, haga el
molde de galleta como se indica en la receta, pero emplee
250 g de galletas *digestive* de chocolate, o simplemente
galletas de chocolate, desmenuzadas. Derrita el dulce de
caramelo con la nata como se indica en la receta y, después,
añada 125 g de avellanas tostadas trituradas y remueva.
Vierta toda la mezcla en el molde de galleta y extienda encima
el helado de vainilla semiderretido. Funda 50 g de chocolate
oscuro en un cuenco a prueba de calor colocado sobre una
cazuela de agua hirviendo (no deje que el cuenco toque el
agua). Espárzalo sobre el helado y ponga la tarta a congelar,
como se indica en la receta.

brûlée de nectarina

6 raciones
tiempo de preparación
10 minutos
tiempo de cocción
10-15 minutos

500 g de **nectarinas**,
deshuesadas y cortadas
en rodajas
4 cucharadas de **licor
de naranja**, más algo
extra para sazonar la fruta
350 ml de **nata agria**
una pizca de **nuez moscada**
recién rallada
1 cucharadita de **extracto
de vainilla**
125 g de **azúcar moreno
claro y blando**

Ponga las nectarinas en una olla y añada agua suficiente
como para cubrirlas. Cuézalas a fuego lento por espacio
de 5 o 10 minutos o hasta que estén tiernas. Escúrralas
y repártalas entre 6 moldes individuales. Añada un
poco de licor de naranja y remueva.

Bata juntos en un cuenco la nata agria, la nuez moscada,
el extracto de vainilla y las 4 cucharadas de licor de naranja
hasta que estén bien mezclados. Con una cuchara, vierta
la mezcla sobre las rodajas de nectarina y, esparza el azúcar
por encima formando una capa gruesa.

Cocínela bajo un grill fuerte precalentado hasta que el azúcar
se haya convertido en caramelo. Sírvala con barquillos rellenos
de crema, lenguas de gato o *amaretti*.

Para preparar galletas de limón para servir con la *brûlée*,
ponga en un cuenco 125 g de mantequilla ablandada, 50 g
de azúcar lustre, la piel rallada de 1 limón y ½ cucharada de
zumo de limón. Bátalo todo junto con una batidora de mano
hasta que se forme una pasta clara y ligera. Tamice sobre
ella 150 g de harina con levadura y continúe batiendo hasta
que consiga una masa más firme. Coja trozos de masa del
tamaño de una nuez, forme bolas con ellos y aplánelas hasta
convertirlas en discos de 5 cm de diámetro. Póngalos en una
bandeja de asar grande forrada con papel de horno y áselos
en un horno precalentado a 180 °C (marca de gas 4) durante
12 o 15 minutos, hasta que estén ligeramente dorados.
Déjelos enfriar en la bandeja durante 5 minutos y trasládelos
a una rejilla de horno para que se enfríen del todo.

tarta fácil de chocolate con dulce de caramelo

12 raciones
tiempo de preparación
10 minutos
tiempo de cocción
50-55 minutos

250 g de **chocolate oscuro normal**, roto en pedazos
250 g de **mantequilla**, más algo extra para untar
4 **huevos**, batidos
125 g de **azúcar lustre**
225 g de **harina con levadura**, tamizada

para la **cobertura**
175 g de **chocolate oscuro normal**, roto en pedazos
150 ml de **nata líquida**

Unte con mantequilla un molde para hornear de 20 × 30 cm y forre el fondo con papel de asar. Ponga el chocolate y la mantequilla en un cuenco a prueba de calor colocado sobre una cazuela de agua hirviendo a fuego lento (no deje que el cuenco toque el agua) y remueva hasta que se derritan.

Mientras, bata juntos, con una batidora de mano, los huevos y el azúcar en un cuenco durante 5 minutos, hasta que se espesen. Añada la mezcla del chocolate enfriada y bata otra vez, y finalmente la harina.

Vierta la mezcla en el molde preparado y póngalo a cocer en un horno precalentado a 160 °C (marca de gas 3) por espacio de 45 o 50 minutos, hasta que se eleve y tenga una consistencia firme. Deje que se enfríe en el molde durante 10 minutos, sáquelo y póngalo sobre una rejilla de horno para que enfríe por completo, retirando el papel del fondo.

Mientras, haga la cobertura. Ponga el chocolate en una cazuela junto con la nata y caliéntelos a fuego lento, removiendo, hasta que el chocolate se haya derretido. Deje que se enfríe durante 1 hora, hasta que se espese pero no demasiado, y después extiéndalo sobre la tarta. Deje que se asiente bien durante 30 minutos antes de servir.

Para preparar una cobertura de chocolate con mantequilla, en lugar de una con nata, bata juntos en un cuenco 200 g de mantequilla ablandada, 200 g de azúcar lustre y 50 g de cacao en polvo tamizado hasta que queden uniformemente mezclados. Extienda la mezcla sobre la tarta y sírvala coronada con 50 g de rizos de chocolate oscuro rallado.

pastel frío de chocolate

para **30 palitos**
tiempo de preparación
15 minutos, más tiempo
de refrigerado
tiempo de cocción **5 minutos**

500 g de **chocolate oscuro
normal**, roto en pedazos
125 g de **mantequilla sin sal**,
más algo extra para untar
100 g de **galletas** *digestive*,
toscamente desmenuzadas
100 g de **higos secos**,
toscamente troceados
50 g de **arándanos agrios**
50 g de **avellanas**, tostadas
50 g de **almendras**, tostadas
y toscamente troceadas
azúcar lustre, para espolvorear
(opcional)

Unte con mantequilla un molde de tarta rectangular de 17 × 23 cm y forre el fondo con papel de horno. Ponga el chocolate y la mantequilla en un cuenco a prueba de calor colocado sobre una cazuela de agua hirviendo (no deje que el cuenco toque el agua) y deje que hiervan a fuego lento hasta que se derritan. Añada el resto de los ingredientes y mezcle bien.

Vierta la mezcla en el molde preparado. Presiónela bien contra el fondo y los lados del molde y alise la superficie con una espátula.

Cúbrala con papel de aluminio y déjela enfriar en el frigorífico durante 4 horas o toda la noche. Con cuidado, despéguela con la espátula de las paredes del molde, sáquela de éste y colóquela sobre una tabla, retirando el papel de la base. Rocíelo con azúcar lustre, si lo desea, y sírvalo cortado en palitos delgados.

Para preparar un pastel «rocoso» de chocolate blanco, ponga 375 g de chocolate blanco, roto en pedazos, en un cuenco colocado sobre una cazuela de agua hirviendo (no deje que el cuenco toque el agua) y deje que hierva a fuego lento hasta que se derrita. Mientras tanto, unte con aceite de oliva en espray un molde de pan de 1 kg y fórrelo con papel de horno. Mezcle con el chocolate derretido 200 g de delicia turca (cualquier sabor de su gusto) toscamente troceada, 75 g de pistachos sin cáscara y 25 g de coco seco. Vierta la mezcla en el molde preparado, alise la superficie y póngalo a refrigerar durante 4 horas. Sáquelo, quitando el papel, córtelo en secciones y sírvalo.

índice

agradecimientos

Directora ejecutiva: Nicola Hill
Editora: Amy Corbett
Directora editorial artística: Sally Bond
Diseño: one2six creative limited
Fotografía: Ian Wallace
Estilista de comida y accesorios: Louise Pickford

Comisión de fotografía: © Octopus Publishing Group Limited/Ian Wallace, además de los siguientes:
© Octopus Publishing Group Limited/David Jordan 19, 156; /Gareth Sambridge 63, 77, 127, 129, 131, 133, 139, 143, 145, 147, 161, 201, 227; /Ian Wallace 23, 27; /Sean Myers 33, 67, 165; /Simon Smith 137, 169, 178, 183, 186, 211, 220, 231; /William Reavell 59, 119, 194, 214; /William Lingwood 65.